Dietmar Fercher, Andrea Karrer

Süße Klassiker

Die feinsten Desserts und Mehlspeisen aus Österreich

Bibliografische Information der Deutschen Bibliothek:
Die Deutsche Bibliothek verzeichnet diese Publikation in der Deutschen Nationalbibliografie; detaillierte bibliografische Daten sind im Internet über http://dnb.d-nb.de abrufbar.

www.residenzverlag.at
3., durchges. u. korr. Auflage 2013

Grafische Gestaltung, Satz: José Coll / B.A.C.K. Grafik und Multimedia GmbH
Fotos: Konrad Limbeck
Projektleitung: Sonja Franzke / vielseitig.co.at
Gesamtherstellung: Interpress, Ungarn

ISBN 978 3 7017 3207 4

DIETMAR FERCHER ANDREA KARRER

Süße Klassiker

Die feinsten Desserts und Mehlspeisen aus Österreich

Fotos von Konrad Limbeck
Illustrationen von Barbara Kampel

Residenz Verlag

Inhalt

6 Vom süßen Leben ...

Warme Mehlspeisen

10 Strudel
32 Knödel, Tascherln, Nudeln
52 Auflauf, Pudding, Wiener Koch & Soufflé
70 Schmarren, Omelette, Palatschinken, Dalken & Co
96 Schmalzgebäck

Kalte Mehlspeisen

114 Kaffeemehlspeisen
162 Kekse und Teegebäck
178 Torten
208 Schnitten und Rouladen
228 Cremedesserts
244 Parfaits

256 Grundrezepte
266 Backformen
268 Fachbegriffe
269 Glossar
270 Register
272 Autoren

Vom süßen Leben ...

Seit dem 19. Jahrhundert genießen die Wiener Konditoren Weltruf, noch heute ist Wien ein fruchtbarer Boden für kulinarische Karrieren. Traditionen werden in den Mehlspeisküchen genauso gepflegt, wie diese für neue Einflüsse stets offengeblieben sind. Daraus ergeben sich eine unvergleichliche Fülle und ein Variantenreichtum, wie es sie in kaum einer anderen Küche gibt.

Als „Zuckergoscherl" erliege ich immer wieder den vielfältigen Genüssen, die der Wiener Mehlspeishimmel für mich bereithält.

Lange Zeit trauerte ich den unwiderstehlichen Mehlspeisen, die es früher im Imperial gegeben hat, nach. Bis ich erfahren habe, dass sich der ehemalige Chef-Patissier der Imperial-Gruppe selbstständig gemacht hatte. Und hier spielt er in der absoluten Oberliga der Wiener Konditoren. Denn mit seinen knusprigen Schaumrollen, wolkenzarten Schaumschnitten, flaumigen Golatschen und fast therapeutisch wirkenden Torten revolutionierte Dietmar Fercher die Zuckerbäckerei unserer Zeit.

Viele Cremeschnitten musste ich in der kleinen Konditorei in der Engerthstraße essen, bis mir Dietmar endlich zusagte, seine Rezepte neu zu überarbeiten und mit mir gemeinsam ein Wiener Mehlspeisenbuch zu schreiben.

Er hat mir 180 Rezepte verraten und Konrad Limbeck hat sie stimmungsvoll in Bilder gesetzt. Da ich der Überzeugung bin, dass die Herkunft so manchen Rezepts oft mehr über historische Zusammenhänge verrät als so manche wissenschaftliche Abhandlung, habe ich eine traditionelle Einteilung in kalte und warme Mehlspeisen getroffen. So erfahren Sie auch einiges über die Entstehung mancher Gerichte.

Diese Zusammenhänge werden ergänzt durch Fachtipps und wichtiges Basiswissen aus der Backstube, damit Sie zu Hause die Mehlspeisen von Dietmar Fercher ohne große Mühen nachbacken können. Alle Rezepte wurden mit den haushaltsüblichen Mengen nachgebacken, abgeändert, überarbeitet und nochmals ausprobiert, damit sie auch wirklich gelingen. Wo eine größere Aufmerksamkeit erforderlich ist, hat Barbara Kampel zum besseren Verständnis ihre schönen Illustrationen beigesteuert.

Noch ein wichtiger Rat: Bevor Sie eine Mehlspeise zubereiten, lesen Sie zuerst das komplette Rezept genau durch. Dann erst folgen Sie ihm Punkt für Punkt, Gramm für Gramm. Wer in dieser Weise vorgeht, kann sich des Gelingens jeder Süßspeise in diesem Buch sicher sein.

Andrea Karrer

PS: Es waren aber nicht nur die Cremeschnitten, auch der mollige Preiselbeergugelhupf und der (beste!) Apfelstreuselkuchen mussten daran glauben. Ach ja, und die Krapfen im Fasching, Marillenknödel im Juli, unzählige Plunder zum Frühstück, zwischendurch Bananen- und Himbeerschaumschnitten und die Schaum-Butterteigschnitten, die ich nur mehr aus Kindheitserinnerungen gekannt hatte, und Köstlichkeiten wie Rigó Jancsischnitten und ...

Warme Mehlspeisen

Strudel

Er gilt fast als österreichisches Nationalgericht, doch wie vieles, das in der Wiener Küche heimisch wurde, ist auch der Strudel ein „Zugereister". Ein weit Gereister sogar: Araber übten sich als Erste in der Kunst, hauchdünne Teigblätter auszuziehen, sie mit Rosengelee oder Orangensirup zu füllen und zu backen. Sie wollten auch auf ihren Eroberungszügen nicht auf diese zarte Köstlichkeit verzichten. Ob in Nordafrika, Spanien oder Westafrika, überall, wohin Araber vordrangen, wurde der Strudel heimisch. In alten Kochbüchern firmiert der Strudelteig auch noch als „spanischer Teig". Die Mauren Spaniens rollten den Strudelteig allerdings nicht zusammen, sondern legten ihn mit der Fülle abwechselnd schichtweise übereinander. Die aus der Türkei stammende, am Balkan so beliebte Baklava wird auch nach diesem Prinzip zubereitet.

Die papierdünnen Teigblätter begleiteten den Siegeszug der Araber bis nach Frankreich. Als die Araber sich nach der Niederlage in der Schlacht von Poitiers wieder in ihre Heimat zurückzogen, blieb zwar die Fähigkeit Strudel zu backen in den befreiten Ländern erhalten, aber sie verbreitete sich nicht weiter. Der Strudel blieb als „Pastis" oder „Croustade" erhalten und hätte vielleicht auch mit den vielen anderen französischen Spezialitäten in die österreichische Küche übersiedeln können. Tatsächlich kam er aber mit den Türken. Sie drangen über den Balkan bis nach Ungarn und Wien vor. Und in ihren Feldküchen ringelten sich duftende Strudel, die nach der Belagerung Wiens als Gabe aus dem Morgenland erhalten blieben. Ungarn, wo der Strudel „rétes" heißt, dürfte eine ganz besondere Station gewesen sein. Denn da gab es ein überaus klebriges Mehl, das den Teig sehr geschmeidig machte. Und so waren Westungarn (das heutige Burgenland), Wien und Niederösterreich die ersten Verbreitungsgebiete des Strudels. Hier findet man auch die größte Vielfalt an Füllungen.

In Wien sagt man, dass eine gewissenhafte Strudelbäckerin den Teig so dünn auszieht, dass sie ihre Liebesbriefe durch ihn lesen kann. Daraus leitet sich die Gewissheit ab, dass Strudel, die eine verliebte Köchin bäckt, besser sind.

Dass man heutzutage Strudelteig bereits fertig kaufen kann, ist eine wahre Wonne. Aber wenn man Strudel für jemanden bäckt, den man besonders gernhat, sollte man den Strudelteig auch einmal selbst ausziehen, um sein Herz nicht nur in die Fülle, sondern auch in die hauchdünne Hülle zu legen.

Eine Füllung in Strudelteig zu verpacken, scheint für uns heute völlig selbstverständlich. Es ist genial! Denn auf diese Weise kann der Saft von Früchten oder anderen Zutaten nicht ausrinnen (natürlich solange der Strudel richtig gemacht ist). Der erhaltene Saft sorgt für ein feuchtes Klima während des Backvorganges und auch im fertigen Strudel.

Tipps

- Für Strudelteig glattes Mehl verwenden.
- Der Teig muss unbedingt mindestens 30 Minuten rasten, damit er sich entspannt und sich der Kleber im Teig entfalten kann.
- Wird Strudelteig gekocht, ist ein Ei oder ein Dotter als Zugabe notwendig.
- Der Arbeitsgang, der am meisten Respekt abverlangt, ist das Ausziehen. Es ist nicht schwierig, aber einige Tipps sind dabei zu beachten. Meistens muss der Esstisch zum Ausziehen des Teiges herhalten. Unbedingt ein großes Leintuch unterlegen, damit der Boden geschützt wird.
- Als Strudeltuch ein helles, waschbares Tischtuch verwenden – keinen Damast! Es könnte Flecken von der Fülle geben.
- Fingernägel prüfen, Ringe ablegen, damit keine Risse im Teig entstehen.
- Teig am besten zuerst rechteckig auswalken, dann behutsam mit bemehlten Handrücken unter den Teig greifen und nach und nach immer dünner auf die gewünschte Größe ausziehen.
- Damit die Füllung mehr „Halt" bekommt und in den Teig gut eingehüllt wird, verteilt man sie nicht auf der gesamten Teigfläche, sondern trägt sie nur im unteren Drittel auf. Dabei einen etwa 6 cm breiten Rand aussparen.
- Dicke äußere Teigränder mit einem scharfen Messer wegschneiden.
- Das Teigende über die Füllung schlagen, Seitenlängen abzwicken und etwas über die Füllung ziehen.
- Strudeltuch leicht anheben und Strudel mithilfe des Tuches eng einrollen.
- Strudeltuch mit dem Strudel an beiden Enden hochheben und vom Tuch auf das befettete (oder mit Backpapier ausgelegte) Blech gleiten lassen.

Wichtig: Falls kein Backtrennpapier verwendet wird, gebackenen Strudel möglichst rasch vom Blech heben. Liegt er lange am (nicht emaillierten) Blech, bekommt der Strudel einen „metallenen" Geschmack.

Wenn es schnell gehen muss, braucht man keine Hemmung haben, fertige Strudelteigblätter zu verwenden. Sie sind eine erstklassige Alternative zu hausgemachtem Strudelteig.

Auch wenn die Teigzubereitung wegfällt, gibt's einiges zu beachten

- Das Strudeltuch sollte idealerweise aus zwei Tüchern bestehen: unteres feucht, oberes trocken.
- Zwischen die Teigblätter am besten geschmolzene Butter streichen.
- Fülle nicht bis an den Rand streichen.
- Sollte der Teig trotzdem reißen, Reservestrudelteig parat haben.

Grundrezept Ausgezogener Strudelteig

Zutaten für 10 Portionen (als Nachspeise)

300 g Mehl (glatt)
etwa 30 ml (30 g) Öl
Prise Salz
etwa 3/16 l Wasser
Mehl zum Ausarbeiten
Öl zum Bestreichen

Mehl auf eine Arbeitsfläche sieben. In der Mitte eine Vertiefung machen und Öl, Salz sowie etwa 3/4 der Wassermenge hineingeben. Mit zwei Teigkarten von außen nach innen vermengen und anschließend mit den Händen zu einem glatten, geschmeidigen Teig verkneten. **Hinweis:** Die exakte Wassermenge ist vom Klebergehalt des Mehls abhängig, eventuell etwas Wasser zugeben.
Teig zu einer Kugel formen, auf einen bemehlten Teller legen, mit Öl bestreichen und mit einer angewärmten Schüssel zugedeckt bei Zimmertemperatur etwa 1 Stunde rasten lassen.
Ein „Strudeltuch" mit Mehl bestäuben. Teig mit Mehl bestäuben, etwa 1 cm dick auswalken und den Teig mit den Handrücken zur gewünschten Größe ausziehen. Mit flüssiger Butter bestreichen, mit Füllung belegen oder bestreichen. Dicke äußere Teigränder mit einem scharfen Messer wegschneiden. Seitenlängen einschlagen und Teig mithilfe des Strudeltuches eng einrollen. Auf ein befettetes (oder mit Backtrennpapier) ausgelegtes Blech legen, mit zerlassener Butter bestreichen und backen.

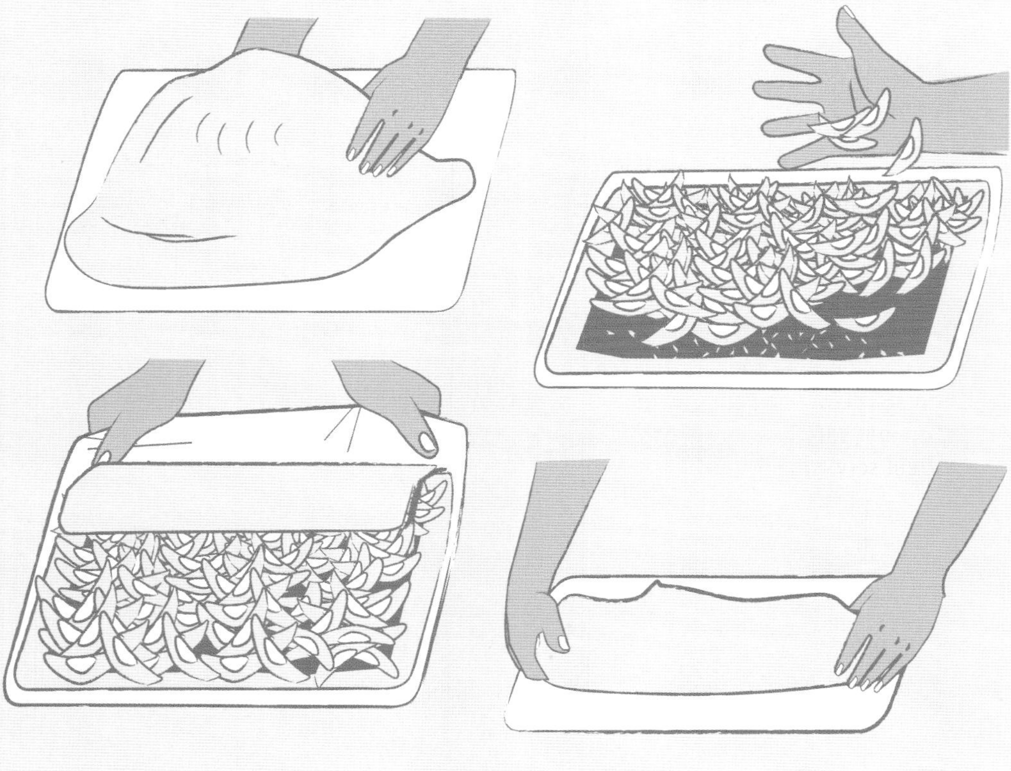

Milchrahmstrudel

Selbst gemachten Strudelteig laut Grundrezept zubereiten und rasten lassen.

Füllung: Eier trennen. Topfen mit einer Teigkarte durch ein Passiersieb streichen. Weiche Butter mit Zitronenschale, Staub- und Vanillezucker sowie einer Prise Salz cremig rühren. Topfen und Dotter abwechselnd unter die Buttermasse rühren. Eiklar mit Kristallzucker zu Schnee schlagen. ⅓ vom Schnee mit dem Sauerrahm in die Topfenmasse einrühren. Restlichen Schnee abwechselnd mit Mehl unterheben.

Selbst gemachten Strudelteig laut Grundrezept ausziehen. Falls Fertigteig verwendet wird, zwei Fertigstrudelteig-Blätter etwas überlappend auf ein feuchtes Tuch legen, mit etwas zerlassener Butter bestreichen (auch den unter der „Nahtstelle" befindlichen Teigstreifen). Drittes Strudelblatt auseinanderschneiden und so auf die beiden anderen Blätter legen, dass die Fläche durchgehend aus doppelt ausgelegtem Teig besteht. Teig mit Butter bestreichen.
Füllung im unteren Drittel auftragen und den Strudel mithilfe des Tuches einrollen.
Strudel in eine mit Butter bestrichene Auflaufform (am besten Wannenform) setzen. **Wichtig:** Der Strudel muss die Form ausfüllen, sonst fließt er auseinander. Im vorgeheizten Rohr bei 155 °C etwa 15 Minuten backen.

Überguss: Milch mit Eiern, Kristall- sowie Vanillezucker verrühren, den Strudel damit gleichmäßig übergießen und weitere 35 Minuten fertig backen.
Aus dem Rohr nehmen, mit restlicher Butter bestreichen und etwa 20 Minuten auskühlen lassen.

Inzwischen Vanillesauce laut Rezept auf S. 259 zubereiten. Milchrahmstrudel in Portionen schneiden, aus der Form heben, mit Vanillesauce anrichten und mit Staubzucker bestreut servieren.

Zutaten für 8 Portionen

Strudelteig:
Grundrezept (S. 14) oder
3 Fertigstrudelteig-Blätter

Füllung:
4 Eier
350 g Topfen
100 g weiche Butter
Schale von ½ Zitrone (unbehandelt), abgerieben
30 g Staubzucker
1 TL Vanillezucker
Salz
70 g Kristallzucker
¼ l Sauerrahm
30 g Mehl (glatt)

etwa 100 g zerlassene Butter
Butter für die Form

Überguss:
150 ml Milch
2 Eier
1 EL Kristallzucker
1 TL Vanillezucker

Vanillesauce:
Siehe Rezept S. 259

Staubzucker zum Bestreuen

Apfelstrudel

Zutaten für 10 Portionen
(als Nachspeise)

Strudelteig:
Grundrezept S. 14 oder
3 Fertigstrudelteig-Blätter
etwa 100 g zerlassene
Butter zum Bestreichen

Füllung:
100 g Rosinen
1,20 kg säuerliche Äpfel
(z. B. Boskop, Elstar,
Renetten)
Saft und abgeriebene
Schale von 1 Zitrone (unbehandelt) mit etwas Zucker
vermischt
100 g Kristallzucker oder
Rohrzucker
2 TL Vanillezucker
1 MS Zimt (gemahlen)

Butterbrösel:
120 g Butter
150 g Semmelbrösel
1 MS Zimt
1 TL Vanillezucker
2 EL Kristallzucker

Staubzucker zum Bestreuen

Falls selbst gemachter Strudelteig verwendet wird, diesen laut Grundrezept zubereiten und rasten lassen.

Füllung: Rosinen heiß waschen und in einem Sieb gut abtropfen lassen. Äpfel schälen, vierteln, entkernen und – am besten mit dem Gemüsehobel – dünnblättrig hobeln. Äpfel mit Kristallzucker (**Hinweis:** Die exakte Zuckermenge hängt vom Säuregehalt der Apfelsorte ab), Zimt, Vanillezucker, Zitronenschale und -saft sowie Rosinen in einer Schüssel gut vermengen.

Butterbrösel: Butter schmelzen. Brösel mit Zimt, Vanillezucker sowie Kristallzucker darin abrösten. Die halbe Menge der Butterbrösel mit der Apfelfüllung vermengen.

Zwei Strudelblätter etwas überlappend auf ein feuchtes Tuch legen, mit etwas zerlassener Butter bestreichen (auch den unter der „Nahtstelle" befindlichen Teigstreifen). Drittes Strudelblatt auseinanderschneiden und so auf die beiden anderen Blätter legen, dass die Fläche durchgehend aus doppelt ausgelegtem Teig besteht. Die restlichen Butterbrösel auf das untere Drittel der Teigfläche streuen. Verbleibende Teigfläche mit etwas zerlassener Butter bestreichen. Apfelfülle auf die Butterbrösel auftragen, Strudel mithilfe des Strudeltuches eng einrollen, Strudelenden festdrücken und überschüssigen Teig wegschneiden; Strudel mithilfe des Tuches auf ein mit Backtrennpapier ausgelegtes Blech legen. Mit Butter bestreichen und im vorgeheizten Rohr bei 210 °C etwa 25–30 Minuten backen. Strudel aus dem Rohr nehmen, mit restlicher Butter bestreichen, in Portionen schneiden und mit Staubzucker bestreuen.

Apfelstrudel warm oder kalt servieren.

Birnenstrudel mit Williamssauce

Zutaten für 8 Portionen

Strudelteig:
Grundrezept (S. 14) oder
3 Fertigstrudelteig-Blätter

Füllung:
800 g Birnen
(am besten Williams Christ)
50 g Rosinen
4 cl (2–3 EL) Williamsbrand
2 EL Kristallzucker
1 MS Zimt
Saft von ½ Zitrone
etwa 150 g Milchbrot,
Brioche oder
Biskuitabschnitte*

Williamssauce:
Siehe Rezept S. 259

etwa 100 g
zerlassene Butter
Staubzucker zum Bestreuen

* Am besten wäre Biskuit.

Selbst gemachten Strudelteig laut Grundrezept zubereiten und rasten lassen.

Füllung: Birnen waschen, schälen, vierteln und das Kerngehäuse ausschneiden. Birnen feinblättrig schneiden. Rosinen heiß waschen und auf Küchenkrepp gut abtropfen lassen. Birnenblätter mit Rosinen, Williamsbrand, Kristallzucker, Zimt und Zitronensaft gut vermengen und etwa 10 Minuten ziehen lassen.

Milchbrot oder Brioche entrinden und in 1½ cm große Würfel schneiden; unter die Birnen mengen.

Selbst gemachten Strudelteig laut Grundrezept ausziehen. Falls Fertigstrudelteig verwendet wird: Zwei Fertigstrudelteig-Blätter etwas überlappend auf ein feuchtes Tuch legen, mit etwas zerlassener Butter bestreichen (auch den unter der „Nahtstelle" befindlichen Teigstreifen). Drittes Strudelblatt auseinanderschneiden und so auf die beiden anderen Blätter legen, dass die Fläche durchgehend aus doppelt ausgelegtem Teig besteht. Teig mit Butter bestreichen.

Füllung im unteren Drittel auftragen und den Strudel mithilfe des Tuches einrollen, Teigränder festdrücken, abzwicken und überschüssigen Teig wegschneiden; Strudel mithilfe des Tuches auf ein mit Backtrennpapier ausgelegtes Blech legen. Mit Butter bestreichen und im vorgeheizten Rohr bei 205 °C etwa 20–25 Minuten backen.

Williamssauce laut Rezept auf S. 259 zubereiten. Strudel aus dem Rohr nehmen, in Portionen schneiden, bezuckern und mit Williamssauce servieren.

Rhabarberstrudel mit Mandelsauce

Selbst gemachten Strudelteig laut Grundrezept zubereiten und rasten lassen.

Butterbrösel: Butter schmelzen. Brösel mit Zimt, Vanillezucker sowie Kristallzucker darin abrösten.

Füllung: Rhabarber waschen, schälen, in etwa 2 cm große Stücke schneiden. Rosinen heiß waschen und auf Küchenkrepp gut abtropfen lassen. Rhabarber mit Rohrzucker, Rosinen, Zimt sowie Mandeln vermengen.

Selbst gemachten Strudelteig laut Grundrezept ausziehen. Falls Fertigstrudelteig verwendet wird: Zwei Fertigstrudelteig-Blätter etwas überlappend auf ein feuchtes Tuch legen, mit etwas zerlassener Butter bestreichen (auch den unter der „Nahtstelle" befindlichen Teigstreifen). Drittes Strudelblatt auseinanderschneiden und so auf die beiden anderen Blätter legen, dass die Fläche durchgehend aus doppelt ausgelegtem Teig besteht.
Butterbrösel im unteren Drittel auftragen. Freibleibende Teigfläche mit zerlassener Butter bestreichen. Füllung auf den Butterbröseln verteilen und den Strudel mithilfe des Tuches einrollen, Teigränder festdrücken, abzwicken und überschüssigen Teig wegschneiden; Strudel mithilfe des Tuches auf ein mit Backtrennpapier ausgelegtes Blech legen. Mit Butter bestreichen und im vorgeheizten Rohr bei 200 °C etwa 25–30 Minuten backen.

Mandelsauce laut Rezept auf S. 257 zubereiten.
Strudel aus dem Rohr nehmen, mit restlicher Butter bestreichen, in Portionen schneiden, bezuckern und mit Mandelsauce servieren.

Zutaten für 8 Portionen

Strudelteig:
Grundrezept (S. 14) oder
3 Fertigstrudelteig-Blätter

Butterbrösel:
120 g Butter
150 g Semmelbrösel
1 MS Zimt
1 TL Vanillezucker
2 EL Kristallzucker

Füllung:
1 kg Rhabarber
(am besten schmeckt Himbeerrhabarber)
100 g Rosinen
80 g Mandeln, geröstet und gerieben
etwa 200 g Rohrzucker
1 MS Zimt (gemahlen)

etwa 80 g zerlassene Butter

Mandelsauce:
Siehe Rezept S. 257

Weintraubenstrudel

Zutaten für 8–10 Portionen

Strudelteig:
Grundrezept (S. 14) oder
3 Fertigstrudelteig-Blätter
etwa 120 g zerlassene
Butter

Füllung:
750 g Weintrauben
(am besten kernlose)
3 Eier
70 g Kristallzucker
Prise Salz
1 TL Vanillezucker
1 MS Zimt (gemahlen)
50 g Mehl (glatt)
50 g Walnüsse, gerieben

Weinsauce:
Rezept (S. 259)

Falls selbst gemachter Strudelteig verwendet wird, diesen laut Grundrezept zubereiten und rasten lassen. Inzwischen die Füllung zubereiten.

Füllung: Weintrauben waschen, abrebeln und gut abtropfen lassen. Eier trennen. Dotter mit ⅓ vom Kristallzucker, Salz sowie Vanillezucker cremig aufschlagen. Eiklar mit restlichem Zucker zu nicht zu festem Schnee schlagen. Zimt mit Mehl vermengen. ⅓ vom Schnee unter den Dotterabtrieb rühren. Dann restlichen Schnee, Walnüsse sowie Zimt-Mehl unterheben.

Selbst gemachten Strudelteig wie beim Grundrezept ausziehen, mit Butter bestreichen, mit Füllung belegen, fortfahren laut Grundrezept.

Zwei Fertigstrudelteig-Blätter etwas überlappend auf ein feuchtes Tuch legen, mit etwas zerlassener Butter bestreichen (auch den unter der „Nahtstelle" befindlichen Teigstreifen). Drittes Strudelblatt auseinanderschneiden und so auf die beiden anderen Blätter legen, dass die Fläche durchgehend aus doppelt ausgelegtem Teig besteht. Mit etwas Butter bestreichen. Füllung im unteren Drittel auftragen, Weintrauben gleichmäßig auf der Nussmasse verteilen. Strudel mithilfe des Strudeltuches eng einrollen, Strudelenden festdrücken und überschüssigen Teig wegschneiden. Strudel mithilfe des Tuches auf ein mit Backtrennpapier ausgelegtes Blech legen. Mit Butter bestreichen und im vorgeheizten Rohr bei 190 °C etwa 30 Minuten backen.

Weinsauce: Wie im Rezept auf S. 259 beschrieben zubereiten.

Strudel aus dem Rohr nehmen, in Portionen schneiden und mit Weinsauce servieren.

Gekochter Grießstrudel mit schwarzer Ribiselsauce

Zutaten für 6 Portionen

Strudelteig:
Zum Grundrezept (S. 14)
1 Dotter beifügen*
etwa 120 g zerlassene Butter

Füllung:
50 g Topfen (10% Fett)
2 Eier
40 g weiche Butter
Prise Salz
Schale von ½ Zitrone (unbehandelt), abgerieben
50 ml Sauerrahm
90 g Weizengrieß
30 g Kristallzucker
ca. 100 g Butterbröseln (Siehe Rezept S. 24)

* Natürlich kann man den gekochten Grießstrudel auch mit Fertigstrudelteig zubereiten, mit selbst gemachtem Teig wird er aber viel besser.

Selbst gemachten Strudelteig laut Grundrezept mit zusätzlich 1 Dotter zubereiten und rasten lassen. Inzwischen die Füllung vorbereiten.

Füllung: Topfen mit einer Teigkarte durch ein Sieb passieren. Eier trennen. Weiche Butter mit Salz sowie Zitronenschale cremig rühren. Dotter sowie Topfen nach und nach unterrühren. Sauerrahm und Grieß einrühren. Masse etwa 1½ Stunden rasten lassen. Eiklar mit Kristallzucker zu steifem Schnee schlagen und unter die Grießmasse heben.

Strudelteig auf bemehltem Strudeltuch ausziehen. Füllung im unteren Drittel etwa 10 cm breit auftragen. Freibleibende Teigfläche mit zerlassener Butter bestreichen. Dicke Teigränder wegschneiden. Strudel mithilfe des Strudeltuches nicht zu eng einrollen. Mit einem bemehlten Kochlöffel Portionen (10 cm lang) abdrücken, mit einem Messer durchschneiden. Enden gut abdrücken. Reichlich Wasser mit wenig Salz aufkochen, Strudelpäckchen einlegen und fast zugedeckt bei geringer Hitze unter einmaligem Wenden etwa 15 Minuten ziehen lassen. Strudelstücke aus dem Wasser heben, abtropfen lassen; Grießstrudel in etwa 1½ cm dicke Stücke schneiden, mit Ribiselsauce anrichten (Rezept siehe S. 259). Mit Butterbrösel bestreuen (Rezept siehe S. 24).

Tipp: Sehr gut passen zum gekochten Grießstrudel pochierte Birnen.

Kleine Zwetschkenstrudel mit Zimtsauce

Zutaten für 6 Portionen

Strudelteig:
Grundrezept (S. 14) oder
3 Fertigstrudelteig-Blätter
120 g zerlassene Butter

Zimtsauce:
¼ l Milch
70 g Kristallzucker
1 TL Vanillezucker
Prise Salz
2 Zimtstangen
10 g (etwa 1 TL) Vanillepuddingpulver
1 Dotter

Butterbrösel:
50 g Butter
60 g Semmelbrösel
1 kleine MS Zimt
1 EL Kristallzucker

Füllung:
½ kg reife, nicht zu wässrige Zwetschken (am besten Hauszwetschken)
1 MS Zimt (gemahlen)
2 EL Zwetschkenschnaps (Sliwowitz)
50 g Kristallzucker
80 g Walnüsse, gerieben

Staubzucker zum Bestreuen

Selbst gemachten Strudelteig laut Grundrezept zubereiten und rasten lassen.

Sauce: $^1/_{16}$ l Milch mit Kristall- und Vanillezucker, Salz und Zimtstangen aufkochen, von der Hitze nehmen und etwa 10 Minuten ziehen lassen. Restliche Milch mit Vanillepuddingpulver und Dotter verquirlen. Zimtstangen aus der Milch entfernen, Milch nochmals aufkochen und Vanille-Dottermilch in die Zimtmilch einrühren. Sauce unter ständigem Rühren kochen, bis die Sauce bindet. Auskühlen lassen und kalt stellen.

Butterbrösel: Butter schmelzen, Semmelbrösel, Zimt und Kristallzucker einrühren und unter Rühren abrösten; von der Hitze nehmen.

Füllung: Zwetschken waschen, entkernen und gut abtropfen lassen. Zwetschken vierteln, in einer Schüssel mit Zimt, Schnaps und Kristallzucker vermengen und 10 Minuten ziehen lassen. Walnüsse und ⅓ der Butterbrösel unter die Zwetschken mengen.

Strudelteig laut Grundrezept ausziehen bzw. fertigen Strudelteig auf befeuchtete Tücher legen. Strudelteig so durchschneiden, dass zwei rechteckige Teigblätter entstehen, diese mit etwas zerlassener Butter bestreichen, mit den restlichen Butterbröseln bestreuen und die Füllung auf jedes Rechteck in drei Portionen auftragen (Bei Fertigstrudelteig-Blättern jeweils zwei Portionen Füllung auf jeweils ein Teigblatt geben). Strudel mithilfe des Tuches einrollen, Teig zwischen den Portionen mit den Fingerspitzen abdrücken, durchschneiden, sodass sechs kleine Strudel entstehen. Enden einfalten und festdrücken.

Auf ein mit Backtrennpapier ausgelegtes Blech setzen, mit der restlichen, zerlassenen Butter bestreichen und im vorgeheizten Rohr bei 200 °C etwa 15 Minuten backen.

Hinweis: Die exakte Backzeit hängt von der Beschaffenheit der Zwetschken ab.

Strudel mit Staubzucker bestreuen und mit Zimtsauce (Rezept S. 259) servieren.

Kleine Dattelstrudel mit Kaffeesauce

Zutaten für 4 Portionen

Strudelteig:
Halbe Menge des Grundrezepts (S. 14) oder 2 Fertigstrudelteig-Blätter

Füllung:
300 g frische Datteln*
100 g Walnüsse, gerieben
1 MS Zimt (gemahlen)
2 cl (1–2 EL) Weinbrand
etwa 80 g zerlassene Butter

Kaffeesauce:
Siehe Rezept S. 257

* Hinweis: Frische Datteln verwenden, getrocknete Früchte wären für den Strudel zu süß.

Selbst gemachten Strudelteig laut Grundrezept zubereiten und rasten lassen.

Füllung: Datteln schälen, halbieren, entkernen und mit Walnüssen, Zimt sowie Weinbrand in einer Schüssel gut vermengen.

Selbst gemachten Strudelteig laut Grundrezept ausziehen. Falls Fertigstrudelteig verwendet wird: Zwei Fertigstrudelteig-Blätter etwas überlappend auf ein feuchtes Tuch legen, mit etwas zerlassener Butter bestreichen (auch den unter der „Nahtstelle" befindlichen Teigstreifen).
Füllung auf dem Teig verteilen. Strudel mithilfe des Tuches einrollen, Teigränder festdrücken, abzwicken und überschüssigen Teig wegschneiden. Strudel mithilfe des Tuches auf ein mit Backtrennpapier ausgelegtes Blech legen. Mit Butter bestreichen und im vorgeheizten Rohr bei 200 °C etwa 10 Minuten backen.

Kaffeesauce laut Rezept auf S. 257 zubereiten.

Strudel aus dem Rohr nehmen, mit restlicher Butter bestreichen, in etwa 2 cm dicke Stücke schneiden, jeweils drei Strudelportionen mit Kaffeesauce anrichten und mit Staubzucker bestreut servieren. Eventuell mit geviertelten Dattelstücken garnieren.

Kürbisstrudel mit Zimtsauce

Zutaten für 10 Portionen

Strudelteig:
Grundrezept (S. 14) oder
3 Fertigstrudelteig-Blätter

Butterbrösel:
100 g Butter
120 g Semmelbrösel
1 MS Zimt
1 TL Vanillezucker
2 EL Kristallzucker

Füllung:
1 kg Kürbis (am besten Muskatkürbis oder Butternuss)
150 g Rohrzucker
1 TL Zimt (gemahlen)
1 MS Ingwer (gemahlen)
1 TL Vanillezucker

Zimtsauce:
Siehe Rezept S. 259

Selbst gemachten Strudelteig laut Grundrezept zubereiten und rasten lassen.

Butterbrösel: Butter schmelzen. Brösel mit Zimt, Vanillezucker sowie Kristallzucker darin abrösten.

Füllung: Kürbis schälen, Kerne mit einem Esslöffel auskratzen, das Fruchtfleisch grob raffeln und mit Rohrzucker, Zimt, Ingwer sowie Vanillezucker gut vermengen.

Selbst gemachten Strudelteig laut Grundrezept ausziehen. Falls Fertigstrudelteig verwendet wird: Zwei Fertigstrudelteig-Blätter etwas überlappend auf ein feuchtes Tuch legen, mit etwas zerlassener Butter bestreichen (auch den unter der „Nahtstelle" befindlichen Teigstreifen). Drittes Strudelblatt auseinanderschneiden und so auf die beiden anderen Blätter legen, dass die Fläche durchgehend aus doppelt ausgelegtem Teig besteht. Butterbrösel im unteren Drittel auftragen. Freibleibende Teigfläche mit zerlassener Butter bestreichen. Füllung auf den Butterbröseln verteilen und den Strudel mithilfe des Tuches einrollen, Teigränder bei selbst gemachtem Strudelteig festdrücken, abzwicken und überschüssigen Teig wegschneiden. Strudel mithilfe des Tuches auf ein mit Backtrennpapier ausgelegtes Blech legen. Mit Butter bestreichen und im vorgeheizten Rohr bei 200 °C etwa 30 Minuten backen. Zimtsauce laut Rezept (S. 258) zubereiten.

Strudel aus dem Rohr nehmen, mit restlicher Butter bestreichen, in Portionen schneiden, bezuckern und mit Zimtsauce servieren.

Birnen im Strudelteig

Zutaten für 4 Portionen

Strudelteig:
Halbe Menge
des Grundrezepts (S. 14)
2 Fertigstrudelteig-Blätter
etwa 40 g zerlassene Butter

5 kleine Birnen
(z. B. Williams Christ)
150 g Kristallzucker
Saft von ½ Zitrone
¼ Zimtstange
4 cl (2–3 EL) Williamsbrand
Staubzucker

Füllung:
60 g Mandeln,
gerieben, geröstet
1 EL Honig

Himbeersauce:
150 g Himbeeren
etwa 50 g Staubzucker
Spritzer Zitronensaft

Staubzucker zum
Bestreuen und Himbeeren
zum Garnieren

Selbst gemachten Strudelteig laut Grundrezept zubereiten und rasten lassen.

Birnen waschen, schälen, Stiel entfernen und Kerngehäuse mithilfe eines Ausstechers ausstechen.
½ l Wasser mit Kristallzucker, Zitronensaft, Zimtstange sowie Williamsbrand in einem Topf aufkochen. Birnen einlegen und bei geringer Hitze ziehen lassen, bis die Birnen bissfest sind, von der Hitze nehmen und im Sud erkalten lassen. **Hinweis:** Die Birnen müssen vollständig mit Flüssigkeit bedeckt sein.
Birnen aus dem Sud heben. Vier Birnen abtropfen lassen und auf Küchenkrepp gut trocknen.

Füllung: Mandeln mit Honig gut verrühren und die Birnen damit füllen.

Selbst gemachten Strudelteig laut Grundrezept ausziehen, in vier gleich große Quadrate schneiden. Fertigstrudelteig-Blätter halbieren und auf befeuchtetes Tuch legen, mit zerlassener Butter bestreichen. Birnen auf die Strudelblätter setzen und mit Strudelteig gut umhüllen. Birnen auf ein mit Backtrennpapier ausgelegtes Blech setzen und im vorgeheizten Rohr bei 210 °C etwa 8 Minuten goldgelb backen. Birnen aus dem Rohr nehmen, mit einem Sägemesser vorsichtig halbieren, auf vorgewärmten Tellern mit Himbeersauce anrichten, mit Staubzucker bestreut und mit Himbeeren garniert servieren.

Himbeersauce: Himbeeren waschen, gut abtropfen lassen, mit Staubzucker pürieren, durch ein Sieb streichen und mit Zitronensaft abschmecken.

Variation: Sehr gut schmecken auch Feigen im Strudelteig: Feigen schälen, wie die Birnen in Strudelteig hüllen und mit Mandelsauce oder Ribiselsauce servieren.

Topfen-Marillenstrudel mit Marillenröster

Zutaten für 8 Portionen

Strudelteig:
Grundrezept (S. 14) oder
3-4 Fertigstrudelteig-Blätter
etwa 100 g Butter

Füllung:
250 g Marillen
350 g Topfen (10% Fett)
100 g weiche Butter
Schale von 1 Zitrone
(unbehandelt), abgerieben
1 TL Vanillezucker
Prise Salz
4 Dotter
3 Eiklar
100 g Kristallzucker
1/4 l Sauerrahm
50 g Mehl (glatt)

Butter für die Form
Staubzucker zum Bestreuen

Marillenröster:
400 g Marillen
120 g Kristallzucker
1/2 Zimtstange
Saft von 1/2 Zitrone
Zitronenschale
(unbehandelt)

Falls selbst gemachter Strudelteig verwendet wird, diesen laut Grundrezept zubereiten und rasten lassen. Inzwischen die Füllung zubereiten.

Füllung: Marillen waschen, entkernen, vierteln und auf Küchenkrepp gut trocknen lassen. Topfen mit einer Teigkarte durch ein Sieb passieren. Weiche Butter mit Zitronenschale, Vanillezucker sowie Salz schaumig rühren. Topfen und Dotter nach und nach unterrühren. Eiklar mit Kristallzucker zu steifem Schnee schlagen. 1/3 vom Schnee mit dem Sauerrahm unter die Topfenmasse ziehen. Zum Schluss restlichen Schnee und Mehl unter die Masse heben.

Selbst gemachten Strudelteig wie beim Grundrezept ausziehen, mit Butter bestreichen, mit Füllung belegen, dann fortfahren laut Grundrezept.
Zwei Fertigstrudelteig-Blätter etwas überlappend auf ein feuchtes Tuch legen, mit etwas zerlassener Butter bestreichen (auch den unter der „Nahtstelle" befindlichen Teigstreifen). Drittes Strudelblatt auseinanderschneiden und so auf die beiden anderen Blätter legen, dass die Fläche durchgehend aus doppelt ausgelegtem Teig besteht. Mit etwas Butter bestreichen. Füllung im unteren Drittel auftragen und Marillen gleichmäßig auf der Topfenmasse verteilen. Strudel mithilfe des Strudeltuches eng einrollen, Strudelenden festdrücken und überschüssigen Teig wegschneiden. Strudel mithilfe des Tuches in eine bebutterte Wannenform einlegen, mit Butter bestreichen und im vorgeheizten Rohr bei 180 °C etwa 45 Minuten backen. Strudel aus dem Rohr nehmen, mit restlicher Butter bestreichen und noch etwa 15 Minuten überkühlen lassen, in Portionen schneiden, mit Staubzucker bestreuen und mit Marillenröster anrichten.

Marillenröster: Marillen waschen, halbieren, entkernen, in Spalten schneiden und mit den restlichen Zutaten aufkochen; zugedeckt bei geringer Hitze einige Minuten ziehen lassen. **Hinweis:** Die Marillen sollen nicht zerkochen.

Knödel, Tascherln, Nudeln

Kandierte Früchte verwendete man, laut den Überlieferungen in Kochbüchern, bereits im 17. und 18. Jahrhundert in Hülle und Fülle. Steckerlobst nannte man die auf Holzstäbchen aufgefädelten kandierten Weintrauben, Zwetschken und auch Nüsse. Sie waren etwas Besonderes, das anlässlich der burgundischen Hochzeiten der Habsburger kreiert wurde. Man fand glasiertes Obst nur auf den Tafeln der Fürsten und jener königlichen Kaufleute, denen wir es auch verdanken, dass die kostbaren Spezereien aus dem Orient heute zu Konsumgütern geworden sind. Zucker, die süße Rarität aus Indien, machte die kandierten Früchte teuer, man konnte sie nur in Apotheken bekommen. Später experimentierte man mit Schokolade- und Marzipanhüllen, aber es sollte bis zum Biedermeier dauern, bis süße Früchtespeisen in den Speiseplan bürgerlicher Haushalte aufgenommen wurden. Einfallsreiche Hausfrauen versuchten die teure Schokolade und das kostbare Marzipan durch lockeren Teig zu ersetzen – und so entstanden vielleicht an Stelle glasierten Konfekts die ersten Zwetschkenknödel ... Sie waren nahrhafter, schmeckten auch besser als die hochherrschaftlichen Naschereien und waren auf ihre robuste Weise delikat. Und vielleicht ist es dieser Landmädchencharme, der sich erfolgreich gegen den raffinierten Zauber des Fruchtkonfekts behauptete und weshalb heute auf Speisekarten oft Zwetschkenknödel, aber nur selten Steckerlobst angeboten werden.

Um Früchte in der österreichischen Mehlspeisküche durchzusetzen, musste Zucker billiger werden. Früchte hatten jahrhundertelang einen völlig anderen Stellenwert als heute. Man aß sie gedünstet und gebacken zum Fleisch, man reichte sie zwischen zwei Hauptgängen, aber ihre Entdeckung als Bestandteil schmackhafter Mehlspeisen begann erst mit der Demokratisierung der Naschsucht. Napoleon, die Kontinentalsperre und die Erfindung des Rübenzuckers standen an der Wiege der Obstmehlspeisen.

Obstknödel wie wir sie heute kennen, wurden vermutlich vor mehr als 100 Jahren von böhmischen Köchinnen nach Wien gebracht. Im Granat-Apfelkochbuch aus dem Jahr 1699 gibt es zwar schon „Weixel- oder Kirschknödel oder Klößer", diese waren aber mit unseren Obstknödeln nicht identisch. Sie bestanden aus gedünsteten oder gekochten Früchten, die man mit in Schmalz gerösteten Semmeln vermengte und in heißem Schmalz ausbuk.

Erst um die Mitte des 19. Jahrhunderts findet man in Kochbüchern die ersten Zwetschken- und Marillenknödel aus Erdäpfelteig oder sogar auch aus Strudelteig.

Woher das Wort Knödel stammt, herrscht Uneinigkeit: Stammt es vom tschechischen „knedlsk" ab oder vom althochdeutschen „knoto", mittelhochdeutsch „knode", alle bedeuten so viel wie Hügel oder Knoten.

Damit der Knödel Duftigkeit, Weiche und Flaumigkeit erhält, hier einige Tipps:

- Knödel formen ist Handarbeit! Mit beiden Händen und mit gleichmäßigem Druck zu einer kompakten Kugel formen. Nasser Teig – Hände zuvor mit etwas lauwarmem Wasser befeuchten, so bleibt nichts an den Fingern kleben und die Knödel bekommen eine glatte Oberfläche. Trockener Teig – bemehlte Hände!
- Obstknödel immer in reichlich kochendes, leicht gesalzenes, eventuell mit Zucker, Rum und ausgekratzter Vanilleschote versetztes Wasser einlegen – dann bei geringer Hitze immer mit fast geschlossenem Deckel gar ziehen lassen, nie „sprudelnd" kochen lassen, sonst zerkochen die Knödel.
- Knödel brauchen Platz. Immer nur so viele Knödel einlegen, dass sie nebeneinander schwimmen können. Denn die Knödel gehen beim Kochen noch etwas auf.
- Bei heiklen Teigen eventuell einen Probeknödel kochen.
- Sobald Knödel an der Oberfläche schwimmen, sind sie fertig.
- Zum Tiefkühlen sollte man die Knödel trockentupfen und noch lauwarm einzeln auf einen mit Frischhaltefolie belegten Teller legen und etwa 4 Stunden anfrieren, dann in Tiefkühlsäcke füllen und tiefgekühlt lagern.

Topfenknödel mit Zwetschkenröster

Topfenteig: Butter schmelzen. Topfen mit Zitronenschale, Ei, Dotter, Vanillezucker sowie Salz glattrühren. Butter unterrühren, zum Schluss Grieß einrühren und die Masse etwa 1–2 Stunden kalt stellen.

Zwetschkenröster: Zwetschken waschen, entkernen und vierteln; mit den restlichen Zutaten aufkochen und zugedeckt weich dünsten. Zimtstange entfernen und den Röster auskühlen lassen.
Aus dem Topfenteig mit einem Esslöffel kleine Portionen abstechen und Knödeln formen. Man kann auch mit einem Eisportionierer aus der Topfenmasse kleine Knödel ausstechen.

Topfenknödel in leicht gesalzenes, kochendes Wasser einlegen und zugedeckt bei geringer Hitze etwa 10 Minuten ziehen lassen, zum Schluss aufkochen und kurz kochen lassen, damit die Knödel schön aufgehen (= soufflieren).

Butterbrösel: Butter schmelzen. Brösel dazugeben und goldbraun rösten; mit Zimt, Kristall- sowie Vanillezucker abschmecken.
Topfenknödel mit einem Lochschöpfer aus dem Wasser heben, gut abtropfen lassen; behutsam in den Butterbröseln wenden, mit Zwetschkenröster anrichten und mit Staubzucker bestreut servieren.

Sehr gut schmecken zu den Topfenknödeln auch Fruchtsaucen.

Zutaten für 8 Portionen

Topfenteig:
30 g Butter
250 g Topfen (20% Fett), passiert
Schale von ½ Zitrone (unbehandelt), abgerieben
1 Ei
1 Dotter
1 TL Vanillezucker
Prise Salz
50 g Weizengrieß

Zwetschkenröster:
600 g Zwetschken
150 g Kristallzucker
Saft von ½ Zitrone
1 Zimtstange

Butterbrösel:
120 g Butter
150 g Semmelbrösel
1 MS Zimt (gemahlen)
2 EL Kristallzucker
1 TL Vanillezucker

Staubzucker zum Bestreuen

Powidltascherln mit Zwetschkenröster

Zutaten für 4 Portionen

Brandteig:
1/8 l Milch
1 EL Butter
Salz
80 g Mehl (glatt)
1 Dotter
Mehl zum Ausarbeiten
100 g Powidl
1 Ei zum Bestreichen

Butterbrösel:
50 g Butter
60 g Semmelbrösel
1 MS Zimt (gemahlen)
1 EL Kristallzucker
1 TL Vanillezucker

Zwetschkenröster:
Halbe Menge
Rezept siehe S. 261

50 g Walnüsse, gerieben, zum Bestreuen

Brandteig: Milch mit Butter und Salz aufkochen. Mehl beifügen und so lange unter ständigem Rühren rösten, bis sich der Teig vom Topfboden löst. Teig in eine Schüssel umfüllen und etwas abkühlen lassen. Dotter – am besten mit dem Handrührgerät – unter den Teig rühren.
Teig auf bemehlter Fläche etwa 3 mm dick auswalken und mit einem runden Ausstecher Scheiben ausstechen, restlichen Teig wieder ausrollen und weitere Scheiben ausstechen, bis der Teig aufgebraucht ist. In die Mitte jeder Teigscheibe einen Teelöffel mit Powidl setzen, Teigränder mit verquirltem Ei bestreichen. Teig über der Füllung zusammenklappen und die Teigränder gut zusammendrücken (evtl. rundum mit einer Gabel zudrücken).

Tascherln in kochendes Salzwasser einlegen und bei geringer Hitze etwa 4 Minuten kochen lassen.

Butterbrösel: Butter schmelzen. Brösel dazugeben und goldbraun rösten; mit Zimt, Kristall- sowie Vanillezucker abschmecken.

Powidltascherln mit einem Lochschöpfer aus dem Wasser heben, gut abtropfen lassen. Behutsam in den Butterbröseln wenden und mit geriebenen Walnüssen bestreut anrichten. Mit Zwetschkenröster servieren.

Tipp: Powidltascherln kann man auch aus Erdäpfelteig (S. 40) zubereiten.

Wie Zauberinnen haben unsere Großmütter mitten im Winter duftende Sommer- und Herbstfrüchte auf den Tisch gebracht. In Speisekammern harrte in geheimnisvollen Töpfen und Gläsern die Ernte eines Jahres, wie Powidl, der als süße Magenschmiere in Buchteln und Germknödeln gefüllt wurde. Gott sei Dank bleibt uns heute die stundenlange Einkochorgie für diese böhmische Zwetschkenmarmelade erspart! Hut ab vor den Hausfrauen einer Zeit, die keine Konservierungsfabriken, keine Tiefkühlschränke und keine Haushaltsmaschinen hatten, gerade wenn man das „Ur-Rezept für böhmischen Zwetschkenlatwerge" (Powidl) liest.

Erdbeerknödel

Zutaten für 6 Portionen

Topfenteig:
250 g Topfen (20% Fett), passiert
60 g Butter, zimmerwarm
Schale von ½ Zitrone (unbehandelt), abgerieben
Prise Salz
1 TL Vanillezucker
1 Ei
150 g Mehl (glatt)
Mehl zum Ausarbeiten

600 g Erdbeeren
etwa 100 g Staubzucker
evtl. Zitronensaft

Butterbrösel:
100 g Butter
120 g Semmelbrösel
1 MS Zimt
1 EL Kristallzucker
1 TL Vanillezucker

Topfenteig: Topfen mit einer Teigkarte durch ein Sieb streichen. ¼ der Topfenmenge mit Butter, Zitronenschale, Salz sowie Vanillezucker schaumig rühren. Ei einrühren, restlichen Topfen nach und nach dazugeben und zum Schluss Mehl unterrühren. Topfenteig zugedeckt etwa ½ Stunde kalt stellen.

Erdbeeren waschen, putzen und auf Küchenkrepp gut abtrocknen. 18 schöne, feste Früchte aussuchen und für die Füllung beiseite geben. Restliche Erdbeeren mit Staubzucker pürieren und mit Zitronensaft abschmecken. Topfenteig leicht mit Mehl bestauben, auf bemehlter Arbeitsfläche etwa ½ cm dick ausrollen. Aus dem Teig Quadrate (7 cm x 7 cm) schneiden und jedes Teigstück mit einer Erdbeere belegen und zu Knödel formen.

Hinweis: Teigreste zusammenkneten, kühl stellen, nochmals ausrollen, ausschneiden und weitere Knödel daraus zubereiten. Knödel in reichlich kochendes Salzwasser einlegen und bei geringer Hitze zugedeckt etwa 7 Minuten ziehen lassen.

Butterbrösel: Butter schmelzen. Brösel dazugeben und goldbraun rösten; mit Zimt, Kristall- sowie Vanillezucker abschmecken.

Knödel mit einem Lochschöpfer aus dem Wasser heben, gut abtropfen lassen und in den Butterbröseln wälzen. Erdbeerknödel mit Erdbeersauce anrichten und mit Staubzucker bestreut servieren.

Tipp: Der Topfenteig eignet sich auch wunderbar für die Zubereitung von Himbeer- und Marillenknödel.

Maroniknödel

Zutaten für 6 Portionen

Füllung:
400 g Maroni
80 g Staubzucker
1 TL Vanillezucker
1–2 EL Rum

Erdäpfelteig:
400 g mehlige Erdäpfel
100 g Mehl (glatt)
1 EL Weizengrieß
Prise Salz
30 g Butter
1 Dotter

Mehl zum Ausarbeiten

Schokoladesauce:
Rezept siehe S. 258
100 g Mandeln, geröstet und gerieben
¼ l Schlagobers

Füllung: Maroni auf der gewölbten Seite kreuzweise einschneiden, in einen Topf schütten, mit Wasser bedecken und etwa 30 Minuten weich kochen (Garprobe: unbedingt eine Marone schälen und kosten). Maroni schälen und durch ein Passiersieb streichen. Maronipüree mit Staub- und Vanillezucker sowie Rum verrühren und kalt stellen.

Hinweis: Falls die Masse zu fest wird, etwas Staubzucker beifügen.

Erdäpfelteig: Erdäpfel waschen, kochen, schälen, etwas ausdampfen lassen und noch heiß durch die Erdäpfelpresse drücken. Es sollte etwa 250 g Erdäpfelmasse ergeben. Die noch warme Masse mit Mehl, Grieß, Salz, Butter und Dotter rasch zu einem Erdäpfelteig verarbeiten. Erdäpfelteig auf bemehlter Arbeitsfläche etwa 2 mm dick ausrollen. Aus dem Teig Scheiben (6 cm Durchmesser) ausstechen.

Maronimasse in drei gleiche Portionen teilen. Zwei Portionen in daumendicke Rollen formen. Restliche Maronimasse für die Dekoration beiseite geben.
Aus den Maronirollen jeweils 9 Stücke abschneiden und auf die Teigscheiben legen. Teig über der Füllung zusammenklappen und mit leicht bemehlten Händen zu Knödel formen.

Knödel in kochendes Salzwasser einlegen und zugedeckt bei geringer Hitze etwa 10 Minuten gar ziehen lassen. Restliche Maronimasse durch ein Reibeisen drücken. Schlagobers steif schlagen.

Maroniknödel mit einem Lochschöpfer aus dem Wasser heben, gut abtropfen lassen und in den Mandeln wälzen. Maroniknödel mit Schokoladesauce und geschlagenem Schlagobers anrichten und mit Maronipüree bestreut servieren.

Kapuzinerknödel mit Kaffeesauce

Kapuzinerknödel: Rosinen heiß waschen, gut abtropfen und auf Küchenkrepp trocknen lassen.
Butter mit Staubzucker und Zimt schaumig rühren. Eier nach und nach unterrühren. Haselnüsse mit den Bröseln sowie Rosinen vermengen und unter die Eiermasse rühren. Knödelmasse etwa 1 Stunde kalt stellen.
Aus der Masse mit einem Esslöffel kleine Portionen abstechen und zu Knödeln formen.
Knödel in erhitztes Fett einlegen und goldgelb ausbacken; herausnehmen und gut abtropfen lassen.
Knödel in eine bebutterte, hitzebeständige Auflaufform schichten.

Überguss: Milch mit Vanillezucker verquirlen, über die Knödel gießen und zugedeckt im vorgeheizten Rohr bei 180 °C backen. **Hinweis:** Die Knödel sind fertig, sobald die Vanillemilch vollständig aufgesogen ist.

Kaffeesauce: Vanillepuddingpulver mit etwas Kaffee und Dotter verrühren. Restlichen Kaffee mit Kaffeeobers, Kristall- und Vanillezucker sowie Salz aufkochen. Kaffee-Dottermischung einrühren und unter ständigem Rühren so lange kochen, bis die Sauce cremig ist.

Tipp: Die Sauce eventuell über Dampf warm halten. Knödel aus dem Rohr nehmen und auf Tellern anrichten, mit Kaffeesauce übergießen und servieren.

Zutaten für 8 Portionen

Kapuzinerknödel:
40 g Rosinen
60 g zimmerwarme Butter
30 g Staubzucker
Prise Zimt (gemahlen)
4 Eier
80 g Haselnüsse, gerieben
100 g Weißbrotbrösel

½ l Öl oder Fett zum Ausbacken
Butter für die Form

Überguss:
⅛ l Milch
1 TL Vanillezucker

Kaffeesauce:
10 g Vanillepuddingpulver (oder Stärkemehl)
⅛ l starker Kaffee
1 Dotter
⅛ l Kaffeeobers (15% Fett)
70 g Kristallzucker
1 TL Vanillezucker
Prise Salz

Topfennudeln in Mandelbröseln

Zutaten für 4 Portionen

Topfenteig:
60 g Butter
250 g Topfen (20% Fett), passiert
Schale von ½ Zitrone (unbehandelt), abgerieben
1 EL Sauerrahm
Prise Salz
1 Ei
1 Dotter
60 g Weizengrieß
40 g Mehl (glatt)
Mehl zum Ausarbeiten

Erdbeersauce:
250 g Erdbeeren
50 g Staubzucker

Mandelbrösel:
50 g Butter
100 g Mandeln, geröstet und gerieben
1 TL Staubzucker

Topfenteig: Butter schmelzen. Topfen mit Butter, Zitronenschale, Sauerrahm, Salz, Ei und Dotter gut verrühren. Weizengrieß und Mehl vermischen und unter die Topfenmasse rühren. Topfenteig zugedeckt etwa 1–2 Stunden kalt stellen.

Erdbeersauce: Erdbeeren waschen, putzen und gut abtropfen lassen. ⅔ der Erdbeeren mit Zucker pürieren. Restliche Erdbeeren vierteln und unter das Püree mengen. Teig in zwei Portionen teilen und jede Teigportion auf bemehlter Arbeitsfläche zu einer etwa 2 cm dicken Rolle formen, diese mit einer bemehlten Teigkarte in etwa 1½ cm lange Stücke schneiden und mit der Hand zu 1 cm dicken Nudeln „wuzeln" (formen).

Nudeln in reichlich kochendes Salzwasser einlegen und zugedeckt bei geringer Hitze etwa 5 Minuten gar ziehen lassen. **Wichtig:** Das Wasser darf während der ersten Minuten nicht kochen, die Nudeln würden zerfallen!

Mandelbrösel: Butter schmelzen, Mandeln mit Zucker einrühren und hellbraun rösten.

Nudeln mit einem Lochschöpfer aus dem Wasser heben, gut abtropfen lassen und in den Mandelbröseln wälzen. Topfennudeln mit Erdbeersauce anrichten.

Hinweis: Noch vor dem Formen aller Nudeln am besten eine „Probenudel" kochen. Zerkocht die Nudel oder ist sie zu fest, Teig durch Zugabe von Mehl bzw. flüssiger Butter in die richtige Konsistenz bringen.

Germknödel

Zutaten für etwa 15 Knödel

25 g frische Germ
220 ml lauwarme Milch
450 g Mehl (glatt)
35 g Staubzucker
1 Ei
1 TL Vanillezucker
55 g weiche Butter
Schale von ½ Zitrone (unbehandelt), abgerieben
etwa 200 g Powidl
7 g Salz
Mehl zum Ausarbeiten
1 Ei zum Bestreichen
Salz

90 g Staubzucker mit 160 g fein gemahlenem Mohn vermischt
etwa 250 g heiße Butter zum Übergießen

Germ zerbröseln und in lauwarmer Milch (25 °C) auflösen. Mit etwa 150 g vom Mehl gut verarbeiten, mit etwas Mehl bestauben und an einem warmen Ort etwa 20 Minuten gehen lassen. Das Volumen soll sich verdoppeln und die Oberfläche grobe Risse zeigen. Zucker, Ei, Vanillezucker, Zitronenschale und Salz schaumig rühren; mit dem Dampfl und dem restlichen Mehl gut vermengen. Weiche Butter unterkneten und den Germteig 12 Minuten gehen lassen.

Teig auf einer bemehlten Arbeitsfläche nochmals mit den Händen durchkneten und zu einem Rechteck (etwa 24 cm x 40 cm) ausrollen, in Quadrate (8 cm x 8 cm) schneiden, jeweils mit etwa 1 TL Powidl belegen und die Teigränder mit verquirltem Ei (oder Wasser) bestreichen. Teigstücke zu Knödel formen. Knödel mit der Naht nach unten und mit einem Küchentuch zugedeckt, ca. 20–30 Minuten gehen lassen (soll ca. nochmal um die Hälfte des Volumens aufgehen), auf Backtrennpapier legen.

In einem großen Kochtopf reichlich leicht gesalzenes Wasser aufkochen, Knödel nahe dem Siedepunkt in mehreren Etappen einlegen und mit fast geschlossenem Deckel bei geringer Hitze etwa 8–10 Minuten garen, umdrehen und weitere 5–8 Minuten garen.

Germknödel mit einem Lochschöpfer aus dem Wasser heben, gut abtropfen lassen und – wichtig – sofort mit einem Holzspieß einige Male einstechen. So verhindert man, dass die Knödel zusammenfallen. Sofort auf Tellern mit Mohn-Staubzucker-Gemisch bestreut anrichten und mit zerlassener Butter servieren.

Topfentaschen mit Marillenröster

Zutaten für 6 Portionen

Topfenteig:
250 g Topfen (10% Fett)
60 g Butter
Schale von ½ Zitrone (unbehandelt), abgerieben
1 EL Sauerrahm
Prise Salz
1 Ei
1 Dotter
60 g Weizengrieß
40 g Mehl (glatt)
Mehl zum Ausarbeiten

Marillenröster:
400 g Marillen
120 g Kristallzucker
3 cl (2 EL) Marillenbrand
Schale u. Saft von ½ Zitrone (unbehandelt)
Zitronenschale
½ Zimtstange

Füllung:
125 g Topfen (10% Fett)
1 EL geschmolzene Butter
Schale von ¼ Zitrone (unbehandelt), abgerieben
30 g Staubzucker
½ TL Vanillezucker
Prise Salz
1 Dotter
1 EL Sauerrahm

evtl. 1 Ei zum Bestreichen
50 g Mandeln, geröstet und gerieben

Topfenteig: Topfen mit einer Teigkarte durch ein Sieb passieren. Butter schmelzen. Topfen mit Butter, Zitronenschale, Sauerrahm, Salz, Ei und Dotter in einer Schüssel glatt verrühren. Grieß und Mehl vermengen und unter die Topfenmasse rühren. Topfenteig zugedeckt im Kühlschrank etwa 1–2 Stunden rasten lassen.

Marillenröster: Marillen waschen, halbieren, entkernen und in Spalten schneiden. Zucker, Zitronensaft und -schale, Zimtstange sowie Marillenbrand aufkochen. Marillenspalten einlegen und zugedeckt bei geringer Hitze weich kochen. **Hinweis:** Allerdings nicht zerkochen!

Füllung: Topfen durch ein Passiersieb streichen und mit zerlassener Butter, Zitronenschale, Staub- und Vanillezucker, Salz, Dotter sowie Sauerrahm glatt verrühren.

Topfenteig auf bemehlter Arbeitsfläche etwa 3 mm dick ausrollen. Aus dem Teig Scheiben (10 cm Durchmesser) ausstechen. Teigränder mit verquirltem Ei oder Wasser bestreichen und jeweils etwa 1 TL Füllung auf die Teigscheiben geben. Füllung mit einem Löffel verstreichen, dabei die Ränder frei lassen. Teigscheiben zusammenklappen, Ränder festdrücken. Restlichen Teig wieder zusammenkneten, nochmals ausrollen und Teigscheiben ausstechen, fortfahren wie vorhin.

Topfentaschen in kochendes Salzwasser einlegen und zugedeckt bei geringer Hitze etwa 7 Minuten gar ziehen lassen. Mit einem Lochschöpfer aus dem Wasser heben und gut abtropfen lassen.

Mit Marillenröster anrichten und mit geriebenen Mandeln bestreut servieren.

Apfelnockerln mit Preiselbeeren

Apfelnockerln: Äpfel waschen, schälen, entkernen und in kleine Würfel schneiden; mit Zitronensaft beträufeln, in einer Schüssel mit Mehl, Dottern sowie Salz gut vermengen und etwa 15 Minuten ziehen lassen.
Aus der Masse mit einem Esslöffel Portionen abstechen, mit bemehlten Händen Nockerln formen und in kochendes Salzwasser einlegen.* Bei geringer Hitze zugedeckt etwa 8 Minuten gar ziehen lassen.

Hinweis: Das Wasser darf auf keinen Fall kochen, sonst zerfallen die Nockerln!
Mit einem Lochschöpfer aus dem Wasser heben, gut abtropfen lassen. Inzwischen Kristallzucker mit Zimt vermengen.

Nockerln mit Preiselbeersauce anrichten und mit Zimtzucker bestreut servieren.

* Unbedingt vor dem Einkochen aller Nockerln ein Probenockerl in das Salzwasser einlegen. Sollte dieses Nockerl zerfallen, noch etwas Mehl in die Masse einarbeiten.

Zutaten für 6 Portionen

Apfelnockerln:
½ kg Äpfel (am besten Golden Delicious)
Zitronensaft
3 EL Mehl (glatt)
2 Dotter
Prise Salz
Mehl zum Ausarbeiten

80 g Kristallzucker
1 MS Zimt (gemahlen)

Preiselbeersauce:
Rezept siehe S. 258 oder fertiges Preiselbeerkompott

Grießknödel

Zutaten für etwa
10 Portionen

600 g Milch
30 g Butter
15 g Vanillezucker
12 g Salz
210 g Weizengrieß
2 Eier

Mohn-Mandelbrösel:
150 g Mohn, fein gemahlen
150 g Mandeln (oder Haselnüsse), geröstet und gerieben
100 g Staubzucker

Himbeersauce:
400 g Himbeeren (evtl. tiefgekühlt)
100 g Kristallzucker

Milch mit Butter, Vanillezucker sowie 10 g Salz aufkochen, Grieß unter ständigem Rühren beifügen und quellen lassen. Kurz überkühlen lassen. Eier einrühren.

Aus der Masse mit befeuchteten Händen Knödel formen. Knödel in leicht gesalzenes, kochendes Wasser einlegen und mit fast geschlossenem Deckel etwa 10 Minuten ziehen lassen.

Mohn-Mandelbrösel: Mohn mit Mandeln, Staub- und Vanillezucker vermengen.

Himbeersauce: Himbeeren mit Kristallzucker mixen und passieren.

Knödel mit einem Lochschöpfer aus dem Wasser heben, gut abtropfen lassen und in den Mohn-Mandelbröseln wenden. Mit Himbeersauce anrichten.

Mohnnudeln

Zutaten für 4 Portionen

Erdäpfelteig:
Rezept siehe S. 40

50 g Mohn, gemahlen
etwa 50 g Staubzucker
1 EL Butter

Erdäpfelteig laut Rezept zubereiten. Teig auf einer bemehlten Arbeitsfläche zu zwei daumendicke Rollen formen, mit bemehlter Teigkarte in etwa 1½ cm lange Stücke teilen und diese mit der Hand zu Nudeln „wuzeln". Nudeln in kochendem Salzwasser zugedeckt bei geringer Hitze etwa 5 Minuten kochen lassen.*

Hinweis: Das Wasser darf während der ersten Minuten nicht kochen – die Nudeln würden sonst zerfallen! Mit einem Lochschöpfer vorsichtig aus dem Wasser heben, gut abtropfen.

Inzwischen Mohn mit Staubzucker in Butter anrösten. Nudeln darin wälzen und mit Staubzucker bestreut anrichten.

Tipp: Eventuell zusätzlich die Mohnnudeln mit brauner Butter beträufeln.

* Unbedingt noch vor dem Formen aller Nudeln eine Probenudel kochen. Zerkocht diese oder ist sie zu fest, dann sollte man den Teig durch Einarbeiten von Mehl bzw. flüssiger Butter in die richtige Konsistenz bringen.

Waldviertler Zwetschkenknödel

Zutaten für 4–6 Portionen

Zwetschkensauce:
400 g Zwetschken
90 g Kristallzucker
1 Zimtstange
Saft von ½ Zitrone
1 EL Sliwowitz

Füllung:
12 Zwetschken
12 Stück Würfelzucker

Erdäpfelteig:
Rezept siehe S. 40
Mehl zum Ausarbeiten
Salz
50 g Graumohn, fein gemahlen
30 g Staubzucker

Sauce: Zwetschken waschen, putzen. 150 g Zwetschken entkernen, vierteln und in grobe Stücke schneiden. Zwetschkenstücke mit 1/16 l Esslöffel Wasser, Zucker, Zimtstange, Zitronensaft und Sliwowitz aufkochen; Zwetschken zu einem Mus einkochen, Zimtstange entfernen und Zwetschkenmus mit Stabmixer pürieren und kalt stellen.

Füllung: Zwetschken waschen, mithilfe eines Kochlöffelstiels entkernen und mit je einem Stück Würfelzucker füllen.

Erdäpfelteig: Teig wie auf beschrieben (S. 40) zubereiten. Teig auf bemehlter Arbeitsfläche ½ cm dünn ausrollen. Aus dem Teig 12 Scheiben (8 cm Durchmesser) ausstechen. Jede Teigscheibe mit einer Zwetschke belegen, mit bemehlten Händen zu Knödel formen. Knödel in kochendes Salzwasser einlegen und zugedeckt bei geringer Hitze etwa 10 Minuten kochen lassen. Knödel mit einem Lochschöpfer herausheben und gut abtropfen lassen. Inzwischen Mohn mit Staubzucker vermischen. Knödel mit Zwetschkensauce auf Tellern anrichten, mit Mohnzucker bestreut servieren.

Tipp: Auch Brandteig (siehe Rezept S. 120) eignet sich für Zwetschkenknödel.

Auflauf, Pudding, Wiener Koch und Soufflé

„Die Aufläufe sind bei uns aus uralten Zeiten her bekannt, gewürdigt und angesehen gewesen, ihre Kostspieligkeit ist das einzige Hindernis, dass sie nicht so allgemein, wie unter der niedern Volksklasse die Knödel, im Gange sind." So wird in der Küchenliteratur des 18. Jahrhunderts die Besonderheit des Auflaufs beschrieben.

Koche sind eine typische österreichische Spezialität, die in zwei unterschiedlichen Erscheinungen in unseren Küchen zu finden sind: In ländlichen Gebieten wurden – und werden mitunter auch noch immer – bestimmte sehr fettreiche, breiartige Gerichte aus Mehl oder Grieß als Koch bezeichnet. So hatten z. B. das Almkoch, Schmalzkoch, Taufkoch ihren festen Platz als Brauchtums- und Festtagsspeise. In der Buckligen Welt war es nach altem Brauch üblich, in der Nacht vor dem Dreikönigstag nicht weniger als neun verschiedene Koche zu essen – und die Reste für die Heiligen Drei Könige auf dem gedeckten Tisch stehen zu lassen.

Im Gegensatz dazu steht das Wiener Koch und ist – wie der Name schon sagt – eine Schöpfung der Wiener Mehlspeisküche. Die Grundmasse des Wiener Kochs besteht entweder aus in Scheiben geschnittenen Semmeln oder Kipferln (Resteverwertung!), die, mit Eiern, Milch und Geschmackszutaten vermengt, in einer Form im Rohr gebacken werden. Oder aus einer Biskuitmasse, der evtl. noch Nüsse, Mandeln oder Schokolade beigemengt werden und die ebenfalls im Rohr gebacken wird.

Zwischen Auflauf und Koch lassen sich keine exakten Abgrenzungen feststellen, da sich der Auflauf wahrscheinlich aus dem Wiener Koch entwickelt hat. Zur Verfeinerung des Kochs wurde Eischnee unter die Grundmasse gehoben, dieses

„aufgegangene Koch" bezeichnete man später als „Auflauf". Schließlich kam dieses Gericht durch Zufall nach Paris und wurde dort von Köchen modifiziert. Durch diese Veredelung wurde aus einem Restlessen im 19. Jahrhundert ein sehr feiner Auflauf, außerdem wurde er auch sehr populär: Der bekannte Gastrosoph Brillat-Savarin nannte es das „gewisse Tüpflein auf dem i" eines Menüs, worauf es bald in vielen Ländern Verbreitung fand.

Als Soufflés bezeichnet man jene Aufläufe, die durch Zugabe einer großen Menge an Eischnee beim Backen besonders hoch aufgehen – und sofort vom Herd zu Tisch gebracht werden sollten, damit die mühsam eingearbeitete Luft nicht wieder entweicht und das kulinarische Kunstwerk nicht in sich zusammenfällt. Die auch als „Schaumauflauf" bezeichneten Soufflés zählen auf Grund ihrer Konsistenz zu den leichtesten, in ihrer Zubereitung aber doch zu den heiklen Gerichten. Das wesentlichste Element des Soufflés ist der Eischnee, von dem vornehmlich das Gelingen abhängt: Die in den Eischnee eingearbeitete Luft dehnt sich beim Backen aus und lässt das Soufflé – bei richtiger Zubereitung – aufgehen und locker und flaumig werden. **Wichtig:** Sowohl Gefäß als auch Schneerute müssen vollkommen sauber und fettfrei sein, da kleinste Verunreinigungen ein Ausschlagen des Eischnees zu fester Konsistenz verhindern.

Die Grundmasse eines Auflaufs wird meistens – wie z. B. beim Reis-, Grieß- oder Nudelauflauf – gekocht, kann aber auch auf „kaltem" Weg zubereitet werden, wie bei Nussaufläufen.

Als Dunstkoche oder Pudding bezeichnet man jene Koche, die – meist in Portionsformen – im Wasserbad gegart werden (z. B. Mohr im Hemd). **Wichtig:** Formen nur zu ¾ mit der Masse füllen, damit das Dunstkoch beim Garen gut aufgehen kann.

Pochieren im Wasserbad: Bei dieser Garmethode werden Pudding und Dunstkoch besonders zart und flaumig und können nicht anbrennen.

Variante 1: Im Rohr pochieren: Backrohr auf 180 °C vorheizen. Auflaufformen mit Butter ausstreichen, mit Zucker ausstreuen. Puddingmasse laut Rezept zubereiten. Inzwischen Wasser für das Wasserbad zustellen. Die gefüllte Form/Förmchen in eine Bratenpfanne oder Auflaufform stellen und so viel kochendes Wasser zugießen, dass die Förmchen zur Hälfte im Wasserbad stehen. Puddinge im vorgeheizten Rohr garen.

Variante 2: Am Herd pochieren: Einen ausreichend großen Kochtopf mit ein paar Lagen Backtrennpapier auslegen (damit sie nicht verrutschen), gefüllte Formen hineinstellen, heißes Wasser in den Topf gießen, dass die Förmchen zur Hälfte im Wasserbad stehen. Topf bis auf einen Spalt zudecken und die Puddings bei schwacher Hitze garen (das Wasser darf nicht kochen!).

Besoffene Kapuziner

Kapuziner: Eier mit Kristall- und Vanillezucker, Salz, Zimt und Zitronenschale in einem Schneekessel gut verrühren und über Dampf dickcremig aufschlagen. Von der Hitze nehmen und die Masse – am besten über Eiswasser – weiterschlagen, bis sie auf Zimmertemperatur abgekühlt ist (=„kalt schlagen"). Anschließend Mandeln und Mehl unter die Masse heben. Masse in bebutterte und bemehlte kleine Formen (à etwa ⅛ l) füllen und im vorgeheizten Rohr bei 180 °C etwa 25 Minuten backen. Kapuziner auf ein mit Kristallzucker bestreutes Blech stürzen und in ihren Formen auskühlen lassen.

Tränke: Ananassaft mit Zucker, 2 EL Wasser, Weißwein und Rum aufkochen.

Kapuziner in ihren Formen wieder umdrehen und aufstellen; mit dem heißen Saft tränken (die gesamte Flüssigkeit sollte aufgesogen werden). Die besoffenen Kapuziner aus der Form auf Teller stürzen und mit Schlagobers servieren.

Hinweis: Besoffene Kapuziner schmecken auch gekühlt wunderbar.

Zutaten für 10 Portionen

Kapuziner:
4 Eier
160 g Kristallzucker
1 TL Vanillezucker
Prise Salz
1 MS Zimtpulver
Schale von ½ Zitrone (unbehandelt), abgerieben
80 g Mandeln oder Haselnüsse, gerieben
140 g Mehl (glatt)

Butter und Mehl für die Formen
Kristallzucker

Zum Tränken:
80 ml Ananassaft (aus der Dose)
60 g Kristallzucker
⅛ l Weißwein
1 Schuss Rum

¼ l geschlagenes Schlagobers

Reisauflauf mit Äpfeln

Zutaten für 8 Portionen
(als Nachspeise)

Auflauf:
180 g Rundkornreis
650 ml Milch
60 g Butter
Prise Salz
2 TL Vanillezucker
Schale von ½ Zitrone
(unbehandelt), abgerieben
6 Eier
80 g Kristallzucker
Butter und Semmelbrösel
für die Form

Karamellisierte Äpfel:
½ kg Äpfel (z. B. Golden
Delicious, Jonagold)
50 g Butter oder
Butterschmalz
3 EL Kristallzucker

Staubzucker zum Bestreuen

Reis in ½ l Wasser 3 Minuten blanchieren, abseihen, kalt abschrecken und gut abtropfen lassen.
Milch mit Butter, Salz, 1 TL Vanillezucker und Zitronenschale aufkochen, Reis beifügen und bei geringer Hitze etwa 20 Minuten weich dünsten. Auskühlen lassen.
Eier trennen. Dotter mit restlichem Vanillezucker schaumig rühren und die Reismasse einrühren. Eiklar mit Kristallzucker zu Schnee schlagen und unterheben. Reismasse in eine bebutterte und mit Bröseln ausgestreute Auflaufform füllen und glatt streichen. Reisauflauf im vorgeheizten Rohr bei 160 °C etwa 1 Stunde backen.

Karamellisierte Äpfel: Äpfel schälen, entkernen und in Spalten schneiden. In einer Pfanne etwas Butter schmelzen, Äpfel darin kurz anbraten, aus der Pfanne nehmen. Kristallzucker mit restlicher Butter in der Pfanne hell karamellisieren, Apfelspalten darin kurz durchschwenken.

Reisauflauf aus dem Rohr nehmen und etwa 5 Minuten rasten lassen; warm in Portionen teilen und mit Staubzucker bestreut anrichten.
Mit den Äpfeln servieren.

Garprobe: Reisauflauf mit einer Küchen-Nadel anstechen. Bleibt die Nadel sauber, ist der Reisauflauf fertig.

Scheiterhaufen mit Schneehaube

Zutaten für 10 Portionen (als Nachspeise)

Füllung:
400 g Äpfel (z. B. Cox Orange, Jonagold)
etwa 1/8 l Weißwein
3 EL Kristallzucker
1/2 Zimtstange
50 g Rosinen

Scheiterhaufen:
350 g Milchbrot, Striezel, Brioche oder Weißbrot
3 Eier
Schale von 1/2 Zitrone (unbehandelt), abgerieben
350 ml Milch
Prise Salz
1 TL Vanillezucker
60 g Kristallzucker
50 g Butterschmalz oder geklärte Butter*
etwa 50 g Butter und etwa 30 g Semmelbrösel für die Form

Schneehaube:
3 Eiklar
140 g Kristallzucker
Staubzucker zum Bestreuen

Himbeersauce:
400 g Himbeeren (tiefgekühlt)
100 g Staubzucker

* Geklärte Butter: Butter schmelzen, erwärmen, Schaum von der Oberfläche abschöpfen.

Äpfel waschen, schälen, entkernen und blättrig schneiden. Weißwein mit Kristallzucker und Zimtstange aufkochen, Äpfel einlegen und bei geringer Hitze weich dünsten. Äpfel aus dem Sud heben und gut abtropfen lassen. Rosinen heiß waschen und auf Küchenkrepp gut abtropfen lassen.
Milchbrot entrinden und in etwa ½ cm dicke Scheiben schneiden; in eine Schüssel geben.
Eier trennen. Dotter mit Zitronenschale, Milch, Salz und Vanillezucker verrühren und Milchbrotscheiben damit übergießen. Etwa 10 Minuten ziehen lassen.
Eiklar mit der halben Menge Zucker zu Schnee schlagen, restlichen Zucker beifügen und den Schnee fest ausschlagen. Schnee vorsichtig unter die Brotmasse mengen. Die halbe Masse in eine bebutterte und mit Bröseln ausgestreute Form füllen, Oberfläche glatt streichen, Apfelscheiben gleichmäßig darauf verteilen, mit Rosinen bestreuen und die restliche Masse auf die Äpfel geben. Butterschmalz oder geklärte Butter erhitzen und den Scheiterhaufen damit beträufeln; im vorgeheizten Rohr bei 170 °C etwa 1 Stunde backen.
Scheiterhaufen aus dem Rohr nehmen.

Schneehaube: Eiklar mit Zucker über Dampf warm aufschlagen (etwa 40–45 °C), von der Hitze nehmen und anschließend kalt schlagen (so lange weiterschlagen, bis der Schnee „standfest" ist). 1/3 vom Schnee auf den Scheiterhaufen streichen. Restlichen Schnee in einen Spritzsack mit gezackter Tülle füllen und den Schnee dekorativ aufdressieren; mit Staubzucker bestreuen und im Rohr bei 250 °C backen, bis der Schnee eine leichte Bräunung bekommt (dauert nur ganz kurz!). Scheiterhaufen portionsweise aus der Form stechen und mit Himbeersauce anrichten.

Himbeersauce: Himbeeren mit Zucker pürieren, durch ein Passiersieb streichen.

Salzburger Nockerln mit Ribiselsauce

Zutaten für 4 Portionen

Nockerlmasse:
100 g Schlagobers
20 g Butter
3 Dotter
20 g Mehl (glatt)
Schale von ½ Zitrone (unbehandelt), abgerieben
5 Eiklar
40 g Kristallzucker
1 TL Vanillezucker

Ribiselsauce:
150 g Ribiseln
80 g Kristallzucker
2 cl (1 EL) Johannisbeerlikör

Staubzucker zum Bestreuen

Zuerst die Ribiselsauce zubereiten: Ribiseln waschen, von den Stielen zupfen und gut abtropfen lassen. ⅔ der Ribiseln mit 4 EL Wasser sowie Zucker aufkochen, kurz pürieren (**Hinweis:** Die Ribiselkerne sollen ganz bleiben, sonst wird die Sauce bitter). Ribiselpüree durch ein Sieb streichen und mit Likör aromatisieren. Restliche Ribiseln untermengen, Sauce nochmals aufkochen und auskühlen lassen.

Salzburger Nockerln: In eine hitzebeständige Pfanne Schlagobers gießen, Butter beifügen und die Pfanne ins vorgeheizte Rohr geben. Inzwischen Dotter mit Mehl sowie Zitronenschale rasch verrühren. **Hinweis:** Sollte die Masse zu fest sein, ein paar Tropfen Wasser beifügen. Eiklar mit Kristall- sowie Vanillezucker zu steifem Schnee schlagen, ⅓ vom Schnee gut unter die Dottermasse rühren. Restlichen Schnee „flüchtig" unterheben.

Mit einem großen Löffel oder einer Teigkarte aus der Nockerlmasse Nocken formen, in die erhitzte Pfanne setzen und im vorgeheizten Rohr bei 220 °C etwa 6 Minuten backen. Salzburger Nockerln sollen an der Oberfläche zart gebräunt und im Inneren noch cremig sein.

Salzburger Nockerln mit Staubzucker bestreuen und mit Ribiselsauce anrichten. Dazu schmecken auch Vanillesauce oder Preiselbeerkompott ausgezeichnet!

Salzburger Nockerln: Dieses zu den Soufflés zählende weltberühmte Dessert wurde angeblich erstmals für den Salzburger Erzbischof Wolf Dietrich zubereitet.

Topfenauflauf mit Erdbeeren

Zutaten für 6–8 Portionen

250 g Topfen (10% Fett)
3 Eier
1 TL Vanillezucker
Schale von ½ Zitrone (unbehandelt), abgerieben
⅛ l Sauerrahm
1 TL Stärkemehl
Prise Salz
40 g Kristallzucker
Butter und Kristallzucker für die Formen

Erdbeersauce:
100 g vom Rezept (S. 262)

Topfen mit einer Teigkarte durch ein Sieb streichen.
Eier trennen.

Topfen mit Dottern, Zitronenschale, Sauerrahm, Stärkemehl sowie Salz zu einem glatten Teig verrühren. Eiklar mit Kristallzucker zu Schnee schlagen und mit einer Schneerute unter die Topfenmasse heben.

Topfenmasse ¾ hoch in mit Butter und Kristallzucker ausgestreute Formen (etwa ⅛ l Inhalt) füllen. Eine hitzebeständige Form etwa 1 cm hoch mit Wasser füllen und das Wasser aufkochen lassen. Formen hineinstellen und im vorgeheizten Rohr bei 200 °C (**Wichtig:** nur Unterhitze!) etwa 20 Minuten garen lassen. Topfenauflauf auf Teller stürzen.

Mit Erdbeersauce und frischen Erdbeeren anrichten.

Zimtauflauf mit pochierten Birnen

Pochierte Birnen: Birnen waschen, schälen, halbieren und mit einem kleinen Löffel die Kerngehäuse entfernen. ⅛ l Wasser mit Zucker, Zitronensaft, Rotwein, Cassis und Zimtstange aufkochen. Birnen einlegen, aufkochen und bei geringer Hitze ziehen lassen, bis sie weich sind (**Hinweis:** Sie sollen aber nicht zu weich sein und zerfallen). Birnen mit einem Lochschöpfer aus dem Sud heben und den Sud abseihen. Die halbe Menge vom Sud wieder über die Birnen gießen. Stärkemehl mit etwas kaltem Wasser glatt rühren. Restlichen Sud aufkochen, Stärkemehl einrühren und den Sud zu cremiger Konsistenz einkochen. Creme kalt stellen.

Zimtauflauf: Kuvertüre über Dampf (maximal 40 °C) schmelzen. Eier trennen. Butter mit Vanillezucker, Zimt und Salz schaumig rühren. Dotter und Weinbrand nach und nach in die Buttermasse rühren. Geschmolzene Schokolade unterziehen. Mandeln mit Mehl vermengen. Eiklar mit Kristallzucker zu leichtem Schnee schlagen und mit dem Mandel-Mehl mithilfe einer Schneerute unter die Schokolade-Zimtmasse rühren.

Masse in mit Butter und Kristallzucker ausgestreute Formen (etwa ⅛ l Inhalt) füllen. In eine hitzebeständige Form Papier einlegen (damit die Formen nicht so leicht verrutschen), etwa 1 cm hoch mit Wasser füllen und das Wasser aufkochen lassen. Formen hineinstellen und im vorgeheizten Rohr bei 200 °C etwa 40 Minuten backen. Birnen aus dem Rotweinsud heben, in Spalten schneiden und fächerförmig auf Teller legen. Mit der Creme übergießen. Zimtsoufflés behutsam daraufstürzen, mit Staubzucker bestreuen und sofort servieren.

Zutaten für 6 Portionen

Zimtauflauf:
60 g dunkle Kuvertüre
3 Eier
60 g zimmerwarme Butter
1 TL Vanillezucker
1 gestrichener TL Zimt (gemahlen)
Prise Salz
60 g Kristallzucker
2 cl (1–2 EL) Weinbrand
60 g Mandeln, gerieben
2 TL Mehl (glatt)

Butter und Kristallzucker für die Formen
Staubzucker zum Bestreuen

Pochierte Birnen:
3 Birnen (z. B. Williams Christ)
120 g Kristallzucker
Saft von 2 Zitronen
¼ l Rotwein
4 cl Cassis (Johannisbeerlikör)
½ Zimtstange
2 TL Stärkemehl

Weinsoufflé

Zutaten für 4 Portionen

40 g Butter
40 g Mehl (glatt)
3/8 l Weißwein
Prise Salz
Schale von 1/2 Zitrone (unbehandelt), abgerieben
4 Eier
2 Eiklar
100 g Kristallzucker

Butter und Kristallzucker für die Formen
Staubzucker zum Bestreuen

Butter schmelzen, Mehl einrühren, Wein langsam unter Rühren in die helle Einbrenn gießen, Salz sowie Zitronenschale beifügen, aufkochen und kräftig rühren, von der Hitze nehmen und etwas überkühlen lassen.
Eier trennen. Dotter in die Grundmasse rühren. 6 Eiklar mit Kristallzucker zu schmierigem Schnee schlagen und vorsichtig mit der Masse vermengen.

Soufflémasse 3/4 hoch in vier bebutterte und mit Kristallzucker ausgestreute Formen (ca. 1/8 l Inhalt mit flachem Boden) füllen.

Eine große feuerfeste Form etwa 1 cm hoch mit Wasser füllen, aufkochen lassen und das Soufflé im Wasserbad im vorgeheizten Rohr bei 210 °C Unterhitze etwa 20 Minuten backen. Soufflés aus dem Rohr nehmen, bezuckern und servieren.

Tipp: Dazu passt sehr gut Ribiselsauce oder Weinschaum.

Mohr im Hemd

Zutaten für 6 Portionen

Mohr im Hemd:
50 g Schokolade
50 g weiche Butter
1 TL Vanillezucker
Prise Salz
3 Eier
50 g Haselnüsse, gerieben
50 g Kristallzucker
1 EL Semmelbrösel

Butter und Kristallzucker für die Formen

Schokoladesauce:
Siehe Rezept S. 258
1/4 l Schlagobers
1 TL Vanillezuecker
Schokoladespäne zum Garnieren

Schokolade über Dampf schmelzen (maximal 40 °C). Weiche Butter mit Vanillezucker und Salz schaumig rühren. Eier trennen. Dotter nach und nach unter den Butterabtrieb rühren, Schokolade unterziehen. Eiklar mit Kristallzucker zu schmierigem Schnee schlagen. Schnee, Haselnüsse und Brösel mit einer Schneerute in die Schokolademasse rühren.

Masse etwa 3/4 hoch in bebutterte und mit Kristallzucker ausgestreute kleine Formen füllen. In einer entsprechend großen, hitzebeständigen Wanne etwa 1 cm hoch Wasser einfüllen, aufkochen lassen und die Formen hineinstellen. Im vorgeheizten Rohr bei 200 °C etwa 40 Minuten backen.

Schokoladesauce: Wie im Rezept auf S. 258 beschrieben zubereiten.

Schlagobers mit Vanillezucker steif schlagen. Puddings aus dem Rohr nehmen, aus der Form auf Teller stürzen und mit Schokoladesauce, Schlagobers sowie Schokoladespänen dekorativ anrichten.

Tipp: Damit die Förmchen in der Wanne nicht rutschen, Backtrennpapier auf den Wannenboden legen und die Förmchen daraufstellen.

Grießpudding mit Apfelsauce

Zutaten für 8 Portionen

Grießpudding:
3/8 l Milch
40 g Butter
1 TL Vanillezucker
Prise Salz
Schale von 1/2 Zitrone (unbehandelt), abgerieben
80 g Weizengrieß
5 Eier
50 g Kristallzucker
Butter und Kristallzucker für die Formen

Apfelsauce:
siehe Rezept S. 256

Grießpudding: Milch mit Butter, Vanillezucker, Salz sowie Zitronenschale aufkochen. Grieß unter Rühren beifügen und unter ständigem Rühren einkochen; etwas überkühlen lassen. Eier trennen. Dotter mit 1 EL vom Kristallzucker schaumig rühren. Eiklar mit restlichem Kristallzucker zu festem Schnee schlagen. Dottermasse in die Grießmasse einrühren. Anschließend Schnee unterheben.

Grießmasse etwa 3/4 hoch in bebutterte und mit Zucker ausgestreute kleine Formen (à etwa 1/8 l) füllen.
Eine hitzebeständige Form etwa 1 cm hoch mit Wasser füllen und das Wasser aufkochen lassen. Formen hineinstellen und im vorgeheizten Rohr bei 200 °C etwa 30 Minuten backen.

Apfelsauce: wie auf S. 256 beschrieben zubereiten.

Mohnpudding (Mohnkoch)

Zutaten für 6–8 Portionen

Mohnpudding:
100 g Weißbrot
1 EL Rum
200 ml Milch
80 g zimmerwarme Butter
Prise Salz
1 MS Zimtpulver
1 TL Vanillezucker
4 Eier
80 g Kristallzucker
90 g Mohn, gerieben
1 EL Semmelbrösel
Butter, Zucker für die Form

Himbeersauce:
Rezept siehe S. 256

Mandelsauce:
Rezept siehe S. 257

Mohnpudding: Weißbrot entrinden, in kleine Würfel schneiden und mit Rum beträufeln. Milch aufkochen und über die Weißbrotwürfel gießen, etwa 10 Minuten ziehen lassen. Anschließend pürieren (Mixer oder Stabmixer) oder durch ein Passiersieb streichen und kalt stellen.
Butter mit Salz, Zimt und Vanillezucker zu cremiger Konsistenz verrühren. Eier trennen. Dotter mit Weißbrotpüree nach und nach unter die Butter rühren.
Eiklar mit Zucker zu schmierigem Schnee aufschlagen. Schnee, Mohn und Brösel mit einer Schneerute unter die Grundmasse ziehen. Mohnmasse etwa 3/4 hoch in mit Butter und Zucker ausgestreute kleine Formen (à etwa 1/8 Liter) füllen.

Eine hitzebeständige Form etwa 1 cm hoch mit Wasser füllen und das Wasser aufkochen lassen. Formen hineinstellen und im vorgeheizten Rohr bei 200 °C etwa 35 Minuten backen.

Inzwischen Himbeer- und Mandelsauce laut Rezept zubereiten.

Mohnpudding auf Teller stürzen und mit Himbeer- und Mandelsauce dekorativ anrichten.

Maronipudding

Maronipudding: Kuvertrüre über Dampf (max. 40 °C) schmelzen. Weiche Butter mit Vanillezucker und Salz schaumig rühren. Eier trennen. Dotter und Maronipüree in die Buttermasse rühren. Schokolade unterziehen. Eiklar mit Kristallzucker zu schmierigem Schnee schlagen und abwechselnd mit den Mandeln unterheben. Maronimasse etwa ¾ hoch in mit Butter und Zucker ausgestreute kleine Formen (à etwa ⅛ Liter) füllen. Eine hitzebeständige Form etwa 1 cm hoch mit Wasser füllen und das Wasser aufkochen lassen. Formen hineinstellen und im vorgeheizten Rohr bei 200 °C etwa 30 Minuten backen.

Schokoladesauce: Schlagobers aufkochen, beide Kuvertüren grob hacken, einrühren und schmelzen lassen. Schokoladesauce mit dem Stabmixer kurz aufmixen. Schlagobers steif schlagen. Maronipudding auf Teller stürzen, mit Schokoladesauce zur Hälfte übergießen und mit Schlagobers dekoriert anrichten.

Zutaten für 8 Portionen

Maronipudding:
30 g dunkle Kuvertüre
70 g zimmerwarme Butter
1 TL Vanillezucker
Prise Salz
3 Eier
60 g Maronipüree*
60 g Kristallzucker
60 g Mandeln, geröstet und gerieben
Butter und Kristallzucker für die Formen

Schokoladesauce:
250 ml Schlagobers
80 g Milchkuvertüre
120 g dunkle Kuvertüre

¼ l Schlagobers
zum Dekorieren

* Maronipüree: Frisches Maronipüree schmeckt feiner und intensiver als fertiges: Maroni auf der gewölbten Seite mit einem kleinen Messer kreuzweise einschneiden, in reichlich Wasser etwa 30 Minuten kochen, abseihen, schälen und durch ein Passiersieb streichen.

Schmarren, Omelette, Palatschinken, Dalken & Co

Der Schmarren war grundsätzlich ein ländlich-bäuerliches Gericht und ähnelt in seiner ursprünglichen Form eher einem deftigen Sterz. Von einem „feisten Schmarren" ist erstmals 1563 in der Hochzeitspredigt des deutschen Pfarrers Johannes Mathesius die Rede, was unterstreicht, dass Schmarren ethymologisch auf Schmer – das bedeutet so viel wie Schmalz bzw. Fett – zurückzuführen ist. In der Tat war der Schmarren eine deftige Mahlzeit, die hauptsächlich von Holzknechten oder Sennern am offenen Feuer zubereitet wurde und Kraft für einen langen Arbeitstag gab.

„Salonfähig" wurde er in bürgerlich-städtischen Haushalten erst, als aufgeschlagener Schnee – lockere Luftigkeit, Rosinen und Zucker – verlockende Süße, und Butter – die schmelzende Feinheit, zum Schmarren hinzugefügt wurden. Kochbücher des 18. Jahrhunderts führen bereits die bis heute bekannten Schmarrenrezepte, wie Mehl-Schmarn, Grieß-Schmarn und Semmel-Schmarn, an. Im „Grätzerischen Kochbuch" gibt es noch einen Reißschmarn, Anna Dorn bringt 1827 ordinären Mehlschmarren und Semmelschmarren, Rokitansky erweitert das Schmarren-Repertoire durch Kirschen-, Biskotten-, Äpfel- und Topfenschmarren und den Gaadnerschmarren.

Franz Zelena (1828) verfeinert den Schmarren, indem er statt Milch Obers verwendet, die Anzahl der Eier erhöht, und meint noch: „Der Zucker kann, mit einem beliebigen Geruch von Vanille, Orangen oder Zimmt gemischt werden."

Um 1850 wird diese Version erstmals als Kaiserschmarren bezeichnet – vielleicht als Hommage an den jungen Kaiser Franz Joseph, was aber wie die zahlreichen „Schmarrenlegenden" nicht belegbar ist. Die populärste erzählt von Leopold, dem

Leibkoch des Kaiserpaares, der sich mit einer neuen Komposition aus zerrissenem Omelettenteig und Zwetschkenröster bei der figurbewussten, aber dennoch vernaschten Kaiserin beliebt machen wollte. Doch die soll das Gericht unangetastet zur Seite geschoben haben, worauf der Kaiser die Portion mit den Worten „Na geb' er mir halt den Schmarren her, den unser Poldl da wieder z'sammkocht hat" aufaß.

Eine andere Anekdote berichtet von einer kaiserlichen Jagd, die bei einem Senn (in Österreich auch Kaser genannt) endete, der dem Kaiser einen Kaserschmarren vorsetzte – der Kaiser soll so begeistert gewesen sein, dass er das Gericht in „Kaiserschmarren" umtaufte.

Es spricht aber sicherlich einiges dafür, dass der Kaiserschmarren aus dem südlichen Alpenraum stammt, wo er Casa-Schmarren, also Hausschmarren, hieß und erst später zum Kaiserschmarren nobilitiert wurde.

Tipps:

- Zum Backen des Kaiserschmarrens eine möglichst große Bratpfanne verwenden.
- Butter darin schmelzen, die Masse etwa 2 cm hoch einfüllen und bei geringer Hitze anbacken, bis die Unterseite leicht gebräunt ist. **Vorsicht:** Durch den Zuckergehalt bräunt der Kaiserschmarren sehr rasch. Mit (in Rum eingeweichten) Rosinen bestreuen.
- Mit einer Bratenschaufel oder „Gummimaxe" den Schmarren in der Mitte teilen und die beiden Hälften nacheinander vorsichtig mithilfe der Bratenschaufel wenden. **Hinweis:** Je weniger man den Schmarren vor dem Wenden zerteilt, umso flaumiger wird er.
- Nach dem Wenden bäckt man den Schmarren im Rohr fertig und zerteilt ihn anschließend mit zwei Gabeln in kleine, unregelmäßige Stücke.
- Zum Schluss fügt man noch etwas Butter hinzu, bestreut den Schmarren mit etwas Zucker, lässt diesen karamellisieren und röstet den Schmarren noch so lange, bis jedes Schmarrenstück außen knusprig ist.
- Die meisten Schmarren kann man wunderbar vorbereiten. Dazu werden alle Zutaten bis auf den steif geschlagenen Schnee gut verrührt, und erst wenn die Gäste kommen, wird der Schnee untergehoben und der Schmarren gebacken.

Unbedingt sollte man den Rat beachten, den F. G. Zenker im Buch „Die Kunstbäckerei" seinen Lesern gab: „Es ist besser, die Gäste warten auf den Schmarn, als der Schmarn auf die Gäste."

Palatschinken sind sicherlich eines der köstlichsten Erbstücke der Monarchieküche. Im Ungarischen heißen sie „Palacsinta", im Tschechischen „Palačinka". Von dort kommen auch die üppigsten Versionen, die mit beschwipster Nussfülle, Schokoladesauce und Schlagobers angereicherten Gundelpalatschinken, die mit Topfencreme gefüllten, dachziegelartig geschichteten und mit Rahm und Eiern überbackenen böhmischen Palatschinken, oder die mit duftender Punschcreme servierten ungarischen Gleitpalatschinken. Dagegen ist die klassische Marillenpalatschinke geradezu ein Essen für Asketen.

Palatschinken sind kosmopolitisch und ziemlich alt, denn eines der ältesten Gerichte der Menschheit ist: der auf heißen Steinen geröstete Fladen – die Urform des Brotes. Im alten Siebenbürgen gab es eine Sitte, Fladen aus Germteig auf heißen Steinen zu backen. Von dort gelangte die Speise nach Ungarn und weiter nach Slowenien. Zum Bestandteil der österreichischen Mehlspeisküche wurden die Palatschinken schließlich auf dem Umweg über die böhmische Küche. Die wienerische Palatschinke etablierte sich erst im 19. Jahrhundert. In alten Kochbüchern ist immer von Pfannkuchen, Pfannzelten, Eierkuchen, Omeletten und Dalken die Rede.

Heute unterscheidet der Wiener genau zwischen den Bezeichnungen. Palatschinken werden aus einem dünnflüssigen Teig bereitet und sind kleiner. Ein Pfannkuchen – diese Bezeichnung ist heutzutage vor allem in Deutschland üblich – besteht aus einem dicklich gehaltenen Palatschinkenteig. Das Omelette (der Wiener sagt „die Omelette“) ist die Verfeinerungsstufe von Pfannkuchen und Palatschinke und war besonders im 18. Jahrhundert eine sehr beliebte Speise. In alten Kochbüchern firmiert die Omelette als spanischer Strudelfleck.

Auch heute sind gebackene Fladen in vielen Kulturen ein Grundnahrungsmittel: „Tortillas“ in Mexiko, „Chapati“ in Indien, in Frankreich die „Crêpes“, hauchdünne „Crespelle“ in Italien, „Dorati“ in der Schweiz. Ob Crêpes, Crespelle oder Palatschinken – in ihrer heutigen Form sind sie das „missing link“ zwischen Urnahrung und Gaumenkitzel, das auch Eingang in die feine Küche gefunden hat.

Damit Palatschinken hauchdünn werden, gibt es ein paar Tricks:

- Zunächst sollte man sich eigens eine **Pfanne** reservieren, in der man nichts anderes herstellt als Palatschinken. Gut eignet sich eine beschichtete Pfanne, da der Teig niemals in Fett schwimmen darf. Noch besser ist eine Eisenpfanne. Diese muss man allerdings vor der ersten Benutzung ausbrennen. Dafür streut man eine Hand voll Salz in die Pfanne und erhitzt sie stark. Danach wird die Pfanne mit einem Küchenpapier ausgewischt und fortan nie wieder gewaschen, sondern nach jeder Palatschinkenaktion nur mehr mit Papier saubergerieben. In einer mit Putzmittel behandelten Pfanne bleiben die Palatschinken nämlich kleben, deshalb wird auch in alten Kochbüchern erwähnt: „Allzu große Reinlichkeit der Köchin tut den Palatschinken nicht gut!“
- **Teig:** Die Grundzutaten sind immer gleich: Mehl, Milch und Ei. Alle weiteren Zutaten dienen der Verfeinerung: Wird ein Teil der Milch durch Schlagobers ersetzt, werden die Palatschinken besonders fein. Mineralwasser mit Kohlensäure lockert den Teig. Fettbeigabe (geklärte Butter) macht den Teig sehr zart.

- Je dünner der Teig, desto dünner die Palatschinke. Ist er zu dünn, reißt die Palatschinke beim Wenden. Genaue Angaben sind nicht machbar, es hängt vom Kleber- und Feuchtigkeitsgehalt des Mehls und der Größe der Eier ab.
- Damit der Teig schön glatt wird, püriert man ihn am besten mit einem Stabmixer. Oder den Teig durch ein Sieb streichen.
- Teig auf alle Fälle mindestens 10 Minuten rasten lassen.
- **Backfett:** Wenig Butter oder Butterschmalz erhitzen, das Fett soll heiß sein, darf aber nicht rauchen! Zuerst muss einmal die Pfanne sehr heiß sein, erst dann das Fett darin erhitzen. Am besten mit einem befetteten Pinsel die Pfanne ausstreichen – sie sollte nur mit einem dünnen Fettfilm überzogen sein.
- Teig eingießen und durch Schwenken der Pfanne gleichmäßig verlaufen lassen. Überschüssigen Teig aus der Pfanne gießen. Palatschinken backen, bis die Unterseite hell gebräunt ist, Palatschinken mithilfe einer Palette oder „Gummimaxe" zuerst am Rand lockern, dann mit Schwung wenden und auf der zweiten Seite hellbraun backen. Wenn die Palatschinken zu heiß gebacken werden, entstehen Löcher.

Die **Dalken** gehören zu den Mehlspeisen mit böhmischem und teilweise slawischem Ursprung. Bereits im 14. Jahrhundert wird im „Buch von guter Speiss" eine den böhmischen Dalken ähnliche Speise erwähnt, und zwar die „pehamisch Arbeiß", was so viel wie böhmische Erbse bedeutet. Das war eine Süßspeise mit Honig, gestoßenen Mandeln und Gewürzen, die kalt oder warm gereicht wurde. Man könnte diese „Böhmischen Erbsen" als Vorläufer der böhmischen Dalken bezeichnen, die auch Liwanzen genannt werden. Interessant ist auch, dass ein ungeschickter Koch, dem eine Speise missglückt war, als „Dalkerter" diese verpfuscht hat.

Grundrezept Palatschinken

Zutaten
für 6–7 Palatschinken

90 g Mehl (glatt)
180 ml Milch
1 Ei
Schale von ½ Zitrone (unbehandelt), abgerieben
½ TL Vanillezucker
Prise Salz
15 g flüssige Butter
Butter zum Ausbacken

Mehl mit etwas Milch, Ei, Zitronenschale und Vanillezucker sowie Salz gut verrühren, restliche Milch nach und nach unterrühren und – am besten mit dem Stabmixer – zu einem glatten Teig verarbeiten. Flüssige Butter unterrühren. Teig etwa 15 Minuten rasten lassen.

Aus dem Teig in heißer Butter dünne Palatschinken backen.
Hinweis: Palatschinken bis zum Füllen warm stellen.

Hinweis: Teig eventuell durch Zugabe von Milch verdünnen, da er durch das Rasten ein wenig anzieht.

Rahmdalken

Ribiselkompott: Ribiseln abrebeln, waschen und gut abtropfen lassen. 3 EL Wasser mit restlichen Zutaten aufkochen, Ribiseln beifügen, nochmals aufkochen, von der Hitze nehmen und auskühlen lassen.

Vanillesauce wie auf Seite 259 beschrieben zubereiten.

Rahmdalken: Eier trennen. Sauerrahm mit Dottern, Zitronenschale, Mehl sowie Salz glatt rühren. Eiklar mit Kristallzucker zu Schnee schlagen. ⅓ vom Schnee mit dem Teig verrühren, restlichen Schnee unterheben.
Fett in einer Dalken- oder Spiegeleierpfanne erhitzen, Teig mit einem Esslöffel portionsweise in die Vertiefungen einlegen und bei geringer Hitze beidseitig etwa 2 Minuten ausbacken.

Hinweis: Ist das Fett zu heiß, bräunen die Dalken zu rasch und bleiben innen roh.

Jeweils zwei Dalken mit Ribiselkompott zusammensetzen und mit Vanillesauce anrichten, bezuckern und servieren.

Tipp: Rahmdalken schmecken auch wunderbar mit marinierten Erdbeeren, Heidelbeeren oder Himbeeren.

Zutaten für 8 Portionen

Ribiselkompott:
400 g Ribiseln
150 g Kristallzucker
2 cl (1–2 EL) Cassis (Johannisbeerlikör)

Rahmdalken:
4 Eier
⅛ l Sauerrahm
Schale von ½ Zitrone
120 g Mehl (glatt)
Prise Salz
100 g Kristallzucker

Vanillesauce:
Rezept siehe S. 259

100 g Butterschmalz oder geklärte Butter*

Staubzucker zum Bestreuen

* Geklärte Butter: Butter langsam schmelzen. Aufsteigenden Schaum von der Oberfläche abschöpfen.

Kaiserschmarren

Zutaten für 2 Portionen

Schmarrenteig:
2 EL Rosinen
4 Eier
120 g Mehl (glatt)
Prise Salz
1 TL Vanillezucker
etwa 200 ml Milch
Schale von 1 Zitrone (unbehandelt), abgerieben
30 g Kristallzucker

60 g Butterschmalz zum Ausbacken
Staubzucker zum Bestreuen

Rosinen heiß waschen und gut abtropfen lassen.
Eier trennen. Mehl mit Salz, Vanillezucker, Milch, Zitronenschale und Dotter in einer Schüssel zu einem glatten Teig verrühren. Teig mit Stabmixer pürieren (so verhindert man Klümpchenbildung).

Eiklar mit Zucker zu Schnee schlagen. ⅓ vom Schnee mit dem Teig verrühren. Restlichen Schnee unter den Teig heben.

Butterschmalz in einer Pfanne erhitzen, Schmarrenteig eingießen, mit Rosinen bestreuen und anbacken, bis die Unterseite goldbraun gefärbt ist. Anschließend Teig vierteln und jedes Viertel mit einer Palette oder Teigkarte wenden. Schmarren im vorgeheizten Rohr bei 200 °C etwa 10 Minuten fertig backen.

Pfanne aus dem Rohr nehmen, Schmarren mithilfe zweier Gabeln zerreißen, mit Staubzucker bestreut anrichten.
Mit Apfelkompott (Rezept S. 260) oder Zwetschkenröster (Rezept S. 261) Palatschinken servieren.

Topfenschmarren mit Erdbeersauce

Zutaten für 2 Portionen

3 Eier
80 g Topfen (10% Fett), passiert
90 ml Schlagobers
60 ml Milch
Schale von ½ Zitrone (unbehandelt), abgerieben
Prise Salz
1 TL Vanillezucker
80 g Mehl (glatt)
30 g Kristallzucker
60 g Butter oder Butterschmalz

Staubzucker zum Bestreuen

Eier trennen. Dotter mit Topfen, Schlagobers, Milch, Zitronenschale, Salz, Vanillezucker und Mehl gut verrühren. Eiklar mit Kristallzucker zu steifem Schnee schlagen, ⅓ davon mit der Topfenmasse verrühren. Restlichen Schnee unterheben.

Butter in einer Pfanne erhitzen, Schmarrenteig eingießen, etwa 3 Minuten anbacken, bis die Unterseite goldbraun gefärbt ist. Anschließend Teig mit einer Palette oder Teigkarte wenden. Schmarren im vorgeheizten Rohr bei 200 °C etwa 15 Minuten fertig backen.

Pfanne aus dem Rohr nehmen, Schmarren mithilfe zweier Gabeln zerreißen, etwas ausdunsten lassen und mit Staubzucker bestreut anrichten.

Dazu Erdbeersauce (Rezept S. 256) servieren.

Kokosschmarren

Zutaten für 4 Portionen

Rumsauce:
1/8 l Milch
1/2 TL Vanillepuddingpulver
1 Dotter
30 g Kristallzucker
1 TL Vanillezucker
3 EL Rum
2 EL Rosinen

Schmarrenteig:
70 g Kokosraspeln
4 Eier
80 g Mehl (glatt)
1 TL Vanillezucker
Prise Salz
1/8 l Milch
30 g Kristallzucker
60 g Butter oder Butterschmalz

Staubzucker zum Bestreuen

Rumsauce: Vanillepuddingpulver mit etwas Milch verrühren, Dotter einrühren. Restliche Milch mit Kristall- sowie Vanillezucker aufkochen. Vanille-Dottermilch einrühren, aufkochen und unter ständigem Rühren sämig einkochen. Rum einrühren. Rosinen heiß waschen, gut abtropfen, auf Küchenkrepp trocknen lassen und erst kurz vor dem Servieren unter die Sauce mengen.

Schmarrenteig: Kokosraspeln gleichmäßig auf einem Backblech verteilen und im Rohr bei 200 °C hellbraun rösten; sofort vom Blech auf einen Teller schütten, damit die Raspeln nicht mehr nachdunkeln, und auskühlen lassen. Eier trennen. Dotter mit Mehl, Vanillezucker, Salz sowie Milch glatt rühren; falls sich Klümpchen bilden, den Teig mit dem Stabmixer pürieren oder durch ein Sieb streichen. Eiklar mit Kristallzucker zu Schnee schlagen und mit den Kokosraspeln unterheben.

Butterschmalz in einer Pfanne erhitzen, Schmarrenteig eingießen, anbacken, bis die Unterseite goldbraun gefärbt ist. Anschließend Teig mit einer Palette oder Teigkarte wenden. Schmarren im vorgeheizten Rohr bei 200 °C etwa 10 Minuten fertig backen.

Pfanne aus dem Rohr nehmen, Schmarren mithilfe zweier Gabeln zerreißen, portionsweise auf Rumsauce anrichten und bezuckert servieren.

Böhmische Dalken

Dampfl: Germ zerbröseln und in 1/8 l lauwarmer Milch auflösen, mit etwas Mehl zu einem dickflüssigen Brei verrühren, mit etwas Mehl stauben und zugedeckt an einem warmen Ort (etwa 25–28 °C) auf das doppelte Volumen aufgehen lassen.

Eier trennen. Dotter, restliche Milch, Zitronenschale sowie Salz verrühren und anschließend mit dem Dampfl gut verrühren. Mit dem restlichen Mehl und zerlassener Butter zu einem glatten Germteig abschlagen. Eiklar mit Kristallzucker zu Schnee schlagen und unterheben. Teig zugedeckt an einem warmen Ort etwa 15 Minuten gehen lassen.

Fett in einer Dalken- oder Spiegeleierpfanne erhitzen, Teig mit einem Esslöffel portionsweise in die Vertiefungen einlegen und bei geringer Hitze beidseitig ausbacken.

Hinweis: Ist das Fett zu heiß, bräunen die Dalken zu rasch und bleiben innen roh.
Jeweils zwei Dalken mit Powidl zusammensetzen und mit Staubzucker bestreut anrichten.

Zutaten für 8 Portionen

30 g frische Germ
3/8 l lauwarme Milch
250 g Mehl (glatt)
2 Eier
Schale von 1/2 Zitrone (unbehandelt), abgerieben
Prise Salz
40 g zerlassene Butter
50 g Kristallzucker

Füllung:
200 g Powidl (oder Preiselbeerkompott, Marmelade)

100 g Butterschmalz oder geklärte Butter*

* Geklärte Butter: Butter langsam schmelzen. Aufsteigenden Schaum von der Oberfläche abschöpfen.

Grießschmarren mit Zwetschkenröster

Zutaten für 2 Portionen

Schmarrenteig:
2 EL Rosinen
½ l Milch
Prise Salz
Schale von 1 Zitrone (unbehandelt), abgerieben
20 g Kristallzucker
2 TL Vanillezucker
120 g Weizengrieß
2 Dotter
2 EL Butter oder Butterschmalz

Zwetschkenröster:
Rezept siehe S. 261

Schmarren: Rosinen heiß waschen, gut abtropfen. Milch mit Salz, Zitronenschale, Kristall- sowie Vanillezucker aufkochen, Grieß einrühren und dickcremig einkochen lassen; von der Hitze nehmen und kurz überkühlen lassen. Anschließend Dotter und Rosinen einrühren.

Inzwischen den Zwetschkenröster (Rezept S. 261) zubereiten.

Butter in einer hitzebeständigen Pfanne schmelzen. Grießmasse zerbröckeln und in der Butter anrösten, anschließend im vorgeheizten Rohr bei 200 °C etwa 20 Minuten knusprig braun backen.

Hinweis: Während der Backzeit den Schmarren immer wieder wenden und zerkleinern.
Mit Zwetschkenröster anrichten.

Schokolade-Nuss-Palatschinken

Zutaten für 6 Portionen

Schokoladesauce:
Rezept Schokoladesauce 2 (S. 258)

Füllung:
⅛ l Milch
80 g Kristallzucker
200 g Walnüsse, gerieben
Prise Zimt (gemahlen)
3 EL Rum

Palatschinkenteig:
Grundrezept (S. 74)

⅛ l Schlagobers
1 TL Vanillezucker
80 g Walnüsse, grob gehackt, zum Bestreuen

Füllung: Milch mit Zucker aufkochen, Walnüsse und Zimt einrühren, Nussmasse kurz rösten und mit Rum aromatisieren.

Schokoladesauce (Rezept S. 258) zubereiten.

Palatschinken: Nach Grundrezept (S. 74) ausbacken, mit Nussfüllung bestreichen, zu Dreiecken falten und warm stellen.

Schlagobers mit Vanillezucker cremig aufschlagen und in einen Spritzsack mit gezackter Tülle füllen. Palatschinken zur Hälfte mit Schokoladesauce überziehen, mit Schlagobers verzieren und mit Walnüssen bestreut servieren.

Germpalatschinken

Germpalatschinken: Dampfl: 1/16 l Milch leicht erwärmen und mit zerbröselter Germ, etwa 2 Esslöffel vom Mehl sowie Prise Zucker verrühren. Mit wenig Mehl bestreuen und an einem warmen Ort zugedeckt etwa 15 Minuten „gehen" lassen. Das Volumen muss sich verdoppeln. Eier trennen. Dotter mit Salz, zerlassener Butter, restlichem Mehl und Dampfl glatt rühren. Eiklar mit Vanillezucker zu steifem Schnee schlagen und unterheben. Aus dem Teig in heißem Fett Palatschinken backen. Palatschinken bis zum Füllen warm stellen.

Füllung: Topfen mit Sauerrahm, Staubzucker, Zitronenschale, Vanillemark und Salz gut verrühren. Schlagobers steif schlagen und unterheben.

Himbeersauce: Wie beschrieben (S. 256) zubereiten.

Jeweils eine Palatschinke mit Topfenfüllung, die andere mit Himbeersauce bestreichen, Palatschinken falten und mit Staubzucker bestreut servieren.

Hinweis: Palatschinken kann man auch im Rohr fertigbacken: Teig in die Pfanne gießen, am Herd anbacken und anschließend im vorgeheizten Rohr bei 180 °C fertigbacken. Bei dieser Zubereitungsart gehen die Palatschinken besonders schön auf und werden sehr locker.

Variante: Füllung mit Powidl, Preiselbeer- oder Marillenmarmelade.

Zutaten für etwa 6 Portionen

Germpalatschinken:
10 g Germ
3/16 l Milch
100 g Mehl (glatt)
Prise Zucker
3 Eier
Prise Salz
2 EL zerlassene Butter
Schale von 1/2 Zitrone (unbehandelt), abgerieben
1 TL Vanillezucker
Butter zum Ausbacken

Topfenfüllung:
150 g Topfen (20 % Fett), passiert
3 EL Sauerrahm
50 g Staubzucker
Schale von 1/2 Zitrone (unbehandelt), abgerieben
Prise Salz
80 ml Schlagobers
Mark von 1 Vanilleschote, ausgekratzt

Himbeersauce:
Siehe Rezept S. 256

Kokospalatschinken mit Marillenröster

Zutaten für 6 Portionen

Palatschinkenteig:
50 g Kokosflocken
1/8 l Milch
80 g Mehl (glatt)
3 EL flüssige Butter
1 Ei
1 Dotter
Prise Salz
1 TL Vanillezucker

Butter zum Ausbacken

Marillenröster:
Rezept (S. 260)

Kokosflocken gleichmäßig auf einem Blech verteilen und etwas im Rohr rösten (so kommt das Kokosaroma besonders gut zur Geltung).

Kokosflocken mit Milch – am besten mit dem Stabmixer – pürieren. Mehl, Butter, Ei, Dotter, Salz sowie Vanillezucker unter die Kokosmilch rühren. **Hinweis:** Falls sich Klümpchen bilden, mit dem Stabmixer kurz pürieren. Palatschinkenteig etwa 15–20 Minuten rasten lassen.

Marillenröster: Nach Rezept (S. 260) zubereiten

Aus dem Teig in heißer Butter dünne Palatschinken backen. **Hinweis:** Die Palatschinken bis zum Füllen warm stellen. Palatschinken mit Marillenröster füllen, zu Dreiecken falten, bezuckern und anrichten.

Tipp: Dazu schmeckt sehr gut geschlagenes Schlagobers und/oder Vanille-, Marillen- oder Kokoseis.

Marillenpalatschinken

Zutaten für 6-7 Palatschinken

Palatschinkenteig:
Grundrezept (S. 74)

etwa 120 g Marillenmarmelade
Staubzucker zum Bestreuen

Palatschinken laut Grundrezept (S. 74) ausbacken. Palatschinken zum Warmhalten übereinanderschichten und mit Folie abdecken.

Anschließend Palatschinken mit Marmelade bestreichen, einrollen, anrichten und mit Staubzucker bestreuen.

Topfenpalatschinken

Palatschinken wie im Rezept auf S. 74 ausbacken und übereinandergeschichtet beiseite stellen.

Füllung: Rosinen heiß waschen, gut abtropfen lassen und auf Küchenkrepp trocknen. Eier trennen. Topfen durch ein Passiersieb streichen. Weiche Butter mit Staub- sowie Vanillezucker, Stärkemehl, Salz und Zitronenschale schaumig rühren. Dotter, Topfen nach und nach unterrühren. Eiklar mit Kristallzucker zu Schnee schlagen und mit den Rosinen unter die Topfenmasse heben.

Palatschinken überlappend in einer Reihe auflegen, sodass eine zusammenhängende Fläche entsteht. Topfenmasse gleichmäßig auftragen – eventuell mit einem Spritzsack aufdressieren (siehe Illustration) – und Palatschinken zu einer langen Rolle einrollen. Rolle in 10 Stücke schneiden.

Palatschinken in eine bebutterte Auflaufform schichten und im vorgeheizten Rohr bei 160 °C etwa 15 Minuten backen.

Überguss: Alle Zutaten glatt rühren, über die Palatschinken gießen und weitere 25 Minuten backen.

Vanillesauce laut Grundrezept (S. 259) zubereiten. Palatschinken in Portionen teilen, mit Vanillesauce anrichten und bezuckert servieren.

Zutaten für 6 Portionen

Palatschinkenteig:
Halbe Menge Grundrezept (S. 74)

Topfenfüllung:
30 g Rosinen
3 Eier
200 g Topfen
50 g weiche Butter
50 g Staubzucker
1 TL Vanillezucker
2 TL Stärkemehl
Prise Salz
Schale von ½ Zitrone (unbehandelt), abgerieben
50 g Kristallzucker
Butter für die Form

Überguss:
⅛ l Milch
⅛ l Sauerrahm
2 Eier
30 g Staubzucker
1 TL Vanillezucker
Prise Salz

Vanillesauce:
Grundrezept (S. 259)

Staubzucker zum Bestreuen

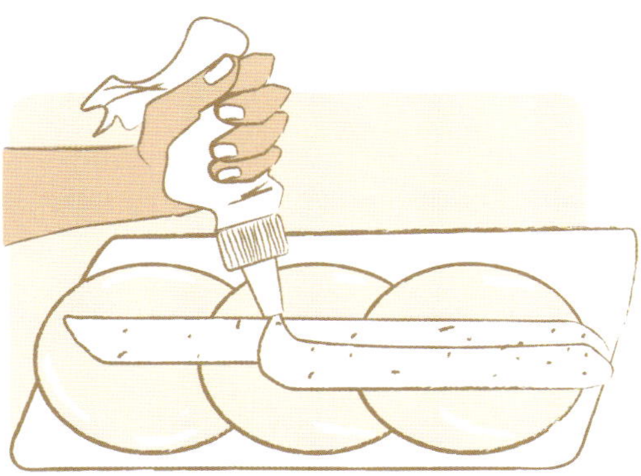

Orangenomeletten

Zutaten für 4 Portionen

Omelettenteig:
4 Orangen (unbehandelt)
4 Eier
150 g Mehl (glatt)
200 ml Milch
Schale von 1 Orange (unbehandelt), abgerieben
1 TL Vanillezucker
Prise Salz
30 g Kristallzucker
60 g Fett (am besten Butterschmalz) zum Backen

Orangenschaumsauce:
1/8 l Schlagobers
50 ml Orangensaft
Saft von 1/2 Zitrone
80 g Kristallzucker
Schale von 1/2 Orange (unbehandelt), abgerieben
2 Dotter
1 EL Orangenlikör

Staubzucker zum Bestreuen

Omelettenteig: Von 1½ Orangen die Schale fein abreiben (**Hinweis:** Schale der ½ Orange ist für die Orangenschaumsauce). Alle Orangen mit einem scharfen Messer schälen, sodass auch die weiße Haut entfernt wird. Orangen filetieren und Orangenspalten auf Küchenkrepp trocknen.
Eier trennen. Dotter mit Mehl, Milch, Orangenschale, Vanillezucker und Salz glatt rühren. Eiklar mit etwa 1/2 EL Kristallzucker zu leichtem Schnee schlagen und unterheben.

Butterschmalz in kleinen Pfannen (etwa 10 cm Durchmesser) erhitzen. Teig portionsweise eingießen und kurz anbacken; von der Hitze nehmen und Orangenspalten gleichmäßig auf den Teig setzen, mit etwas Kristallzucker bestreuen und die Omeletten im vorgeheizten Rohr bei 200 °C etwa 10 Minuten fertig backen.

Orangenschaumsauce: Schlagobers zu cremiger Konsistenz aufschlagen und kalt stellen. Orangensaft mit Zitronensaft, Zucker, Schale von 1/2 Orange und Dottern verrühren und über Dampf dickcremig und heiß aufschlagen; von der Hitze nehmen und die Creme weiterschlagen, bis sie Zimmertemperatur erreicht hat (= „kalt schlagen").

Anschließend Schlagobers und Orangenlikör unterziehen und die Sauce kalt stellen.

Orangenschaumsauce in tiefen Tellern anrichten, Omeletten daraufsetzen, bezuckern und servieren.

Palatschinken mit karamellisierten Apfelspalten

Zutaten für 5 Portionen

Füllung:
½ kg Äpfel
Saft von ½ Zitrone
1 EL Butter
100 g Kristallzucker
2 EL Apfelbrand oder Weinbrand

Oberssauce:
⅛ l gekühltes Schlagobers
1 TL Staubzucker
2 cl (2–3 EL) Apfelbrand

Palatschinkenteig:
Rezept (S. 74)

Staubzucker zum Bestreuen

Füllung: Äpfel waschen, vierteln, entkernen und in etwa 1 cm dicke Spalten schneiden. Apfelspalten mit einigen Tropfen Zitronensaft beträufeln.

Butter schmelzen. Zucker darin hell karamellisieren und mit restlichem Zitronensaft sowie Apfelbrand ablöschen und gut durchrühren. Apfelspalten beifügen und im Karamell weich dünsten.
Hinweis: Statt Apfelbrand (bzw. Weinbrand) kann man auch Apfelsaft verwenden.

Oberssauce: Gekühltes Schlagobers mit Staubzucker und Apfelbrand dickflüssig aufschlagen und kalt stellen.

Palatschinken laut Rezept (S. 74) backen, mit Apfelspalten füllen und dreieckig falten. Palatschinken portionsweise auf vorgewärmte Teller setzen, mit Staubzucker bestreuen und im Rohr bei starker Oberhitze oder unter dem Grill kurz überbacken.

Hinweis: Der Staubzucker karamellisiert dabei leicht und überzieht die Palatschinken mit einer zarten, beim Anschneiden „knisternden" Schicht.
Mit Oberssauce anrichten.

Tipp: Dazu passt auch hervorragend Vanilleeis.

Überbackene Marillenpalatschinken

Zutaten für 4–6 Portionen

Palatschinkenteig:
80 g Mehl (glatt)
etwa ⅛ l Milch
1 Ei
1 Dotter
1 TL Vanillezucker
Schale von ¼ Zitrone (unbehandelt), abgerieben
2 EL zerlassene Butter oder Öl
Salz

Butter oder Butterschmalz zum Ausbacken

Füllung:
700 g Marillen
100 g Kristallzucker
Saft von 1½ Zitronen
1 Zimtstange
1 TL Vanillezucker

Creme:
1 TL Vanillepuddingpulver
¼ l Kaffeeobers (15% Fett)
2 Dotter
40 g Kristallzucker
1 TL Vanillezucker
40 g Butter
Prise Salz
4 cl (3 EL) Marillenbrand
60 ml Schlagobers

Palatschinkenteig: Mehl mit etwas von der Milch, Ei, Dotter, Vanillezucker, Zitronenschale, Salz sowie zerlassener Butter gut verrühren; restliche Milch nach und nach unterrühren, sodass ein dünnflüssiger Teig entsteht. Palatschinkenteig am besten mit einem Stabmixer pürieren oder durch ein Sieb streichen und 20 Minuten rasten lassen.

Füllung: Marillen waschen, entkernen, in Spalten schneiden und auf Küchenkrepp trocknen.
⅛ l Wasser mit Kristallzucker, Zitronensaft, Zimtstange und Vanillezucker aufkochen. Marillenspalten einlegen und darin weich dünsten (Marillen sollen aber nicht zerfallen). Zimtstange entfernen und die Marillenspalten abseihen, dabei den Saft auffangen. Etwa ein Viertel von den Marillen mit etwas Saft pürieren. Restliche Marillen unter das Püree mengen.

Creme: Vanillepuddingpulver mit 4 EL vom Kaffeeobers und den Dottern verrühren. Restliches Kaffeeobers mit Kristall- und Vanillezucker, Butter und Salz aufkochen. Dotter-Vanillepudding-Mischung langsam einrühren und unter ständigem Rühren cremig einkochen lassen; von der Hitze nehmen und im Mixer auf kleiner Stufe so lange rühren, bis die Creme wieder auf Zimmertemperatur abgekühlt ist. Diese Grundcreme zugedeckt bis zur weiteren Verarbeitung kalt stellen.

Aus dem Palatschinkenteig in erhitztem Fett Palatschinken ausbacken und zum Warmhalten übereinanderschichten. Jeweils eine Palatschinke auf einen Teller legen und Marillenfüllung auftragen. Palatschinken dreieckig falten. Grundcreme mit Marillenbrand glatt rühren. Schlagobers cremig aufschlagen und unterziehen. Creme über die Palatschinken gießen. **Wichtig:** Tellerränder mit feuchtem Küchenkrepp gut abwischen, damit beim Überbacken nichts anbrennen kann.

Palatschinken im vorgeheizten Rohr bei 250 °C (Oberhitze) goldbraun überbacken.

Palatschinkentorte

Zutaten für 1 Torte (8 Stück)

Pochierte Birnen:
4 Birnen
(am besten Williams Christ)
120 g Kristallzucker
Saft von 1 Zitrone
4 cl (2–3 EL) Williamsbrand

Nussfüllung:
200 ml Milch
100 g Kristallzucker
300 g Walnüsse, gerieben
1 MS Zimt (gemahlen)
4 cl (2–3 EL) Rum

Palatschinkenteig:
Rezept (S. 74)

Williamssauce:
12 g Vanillepuddingpulver
1/4 l Milch
1 Dotter
70 g Kristallzucker
Prise Salz
2 cl (1–2 EL) Williamsbrand

Pochierte Birnen: Birnen waschen, schälen, halbieren, entkernen. Kristallzucker mit Zitronensaft, Williamsbrand sowie 3/8 l Wasser aufkochen. Birnenhälften einlegen und bissfest kochen. Birnen im Sud auskühlen lassen; anschließend herausheben, gut abtropfen lassen und in dünne Spalten schneiden.

Nussfüllung: Milch mit Kristallzucker aufkochen. Nüsse und Zimt einrühren und kurz abrösten; von der Hitze nehmen, Rum einrühren und die Füllung auskühlen lassen. **Hinweis:** Sollte die Füllung zu fest sein, eventuell mit etwas Milch verdünnen.

Palatschinken: Wie im Rezept (S. 74) beschrieben ausbacken und auskühlen lassen.

Williamssauce: Vanillepuddingpulver mit etwas kalter Milch sowie dem Dotter glatt rühren. Restliche Milch mit Kristallzucker sowie Salz aufkochen. Vanille-Dotter-Milch unter Rühren in die kochende Milch gießen, unter ständigem Rühren cremig einkochen. Auskühlen lassen, Williamsbrand einrühren. Sauce mit dem Stabmixer pürieren.

Hinweis: Sollte die Sauce zu dünn sein, eventuell mit etwas geschlagenem Obers sämig rühren.

Eine Palatschinke auf einen Tortenteller legen, etwas von der Nussmasse dünn daraufstreichen, einige Birnenspalten darauflegen, mit einer Palatschinke bedecken und den Vorgang so lange wiederholen, bis sämtliche Zutaten verbraucht sind. Mit einer Palatschinke abschließen, eventuell mit Birnenspalten dekorativ anrichten und mit Williamssauce servieren.

Apfelpastete

Zutaten für etwa
8–10 Portionen

Palatschinkenteig:
Grundrezept (S. 74)

Füllung:
1½ kg Äpfel
(z. B. Golden Delicious)
¼ l Apfelsaft
80 g Kristallzucker
Schale von ½ Zitrone
(unbehandelt), abgerieben
Saft von 1 Zitrone
½ Zimtstange
3 Blätter Gelatine

Karamellsauce:
2 TL Vanillepuddingpulver
¼ l Milch
150 g Kristallzucker

Zimtobers:
¼ l Schlagobers
1 MS Zimt (gemahlen)
Staubzucker

8 Palatschinken wie im Rezept (S. 74) beschrieben zubereiten und kalt stellen.

Füllung: Äpfel waschen, schälen, Kerngehäuse ausstechen und in etwa 1½ cm dicke Spalten schneiden. Apfelsaft mit ¼ l Wasser, Zucker, Zitronenschale und -saft, Zimtstange aufkochen, Spalten einlegen und darin bissfest dünsten. Abseihen und den Saft dabei auffangen. Apfelspalten auf einem Gitter gut abtropfen und auskühlen lassen.
Gelatine in reichlich kaltem Wasser einweichen. ⅛ l vom Saft aufkochen. Gelatine gut ausdrücken und im warmen Saft auflösen. Apfelspalten untermengen.

Eine Rehrückenform mit Klarsichtfolie auslegen. Form mit Palatschinken so auslegen, dass die Palatschinken ein wenig über den Rand der Form hängen.

Apfelfüllung in die Form geben und glatt streichen. Überhängenden Palatschinken über die Füllung falten, damit sie vollständig bedeckt ist. Mit Folie abdecken und mindestens 2 Stunden – am besten über Nacht – kalt stellen.

Karamellsauce: Vanillepuddingpulver mit etwas kalter Milch glatt rühren; restliche Milch auf etwa 80 °C erwärmen. Eine Pfanne erhitzen, etwa ¼ vom Zucker darin hellbraun schmelzen, wieder ¼ Zuckermenge beifügen (Hitze eventuell reduzieren), hell karamellisieren; so lange fortfahren bis der gesamte Zucker aufgebraucht und hellbraun geschmolzen ist. Sofort mit der halben Milchmenge ablöschen. **Vorsicht:** Die Milch kocht stark auf, deshalb muss die Pfanne groß genug sein. Restliche Milch dazugießen. Ziehen lassen, bis der Karamell vollständig aufgelöst ist (eventuell mit einem Stabmixer pürieren, bis keine Klümpchen mehr vorhanden sind). Vanillepuddingmilch beifügen und unter ständigem Rühren kochen lassen, bis eine sämige Sauce entstanden ist.

Zimtobers: Schlagobers mit Zimt und etwas Staubzucker nicht fest (eher dickflüssig) aufschlagen. Pastete aus der Form auf ein Brett stürzen, mit einem scharfen Messer in Scheiben schneiden und mit Karamellsauce sowie Zimtobers servieren. Mit gehobelten Mandeln dekorieren.

Heidelbeerplätzchen

Zutaten für 6 Portionen

Plätzchenteig:
200 g Heidelbeeren
3 Eier
80 g Mehl (glatt)
Prise Salz
1 TL Vanillezucker
etwa $1/16$ l Milch
30 g Kristallzucker
60 g Butterschmalz

Heidelbeersauce:
Halbe Menge vom Rezept (S. 256)

Heidelbeersauce: Halbe Menge wie im Rezept auf S. 256 beschrieben zubereiten.

Plätzchenteig: Heidelbeeren verlesen, waschen und auf Küchenkrepp gut abtropfen lassen.
Eier trennen. Mehl mit Salz, Vanillezucker, Milch und Dottern glatt rühren. 2 Eiklar mit Kristallzucker zu Schnee schlagen und unter den Teig heben. Gut abgetropfte Heidelbeeren unterziehen.

Fett in einer Pfanne erhitzen. Teig mit einem Esslöffel portionsweise einlegen und bei geringer Hitze beidseitig ausbacken.

Heidelbeersauce auf Tellern anrichten, Heidelbeerplätzchen dazulegen und mit Vanilleeis servieren.

Nusspalatschinken mit Rotweinkirschen

Zutaten für 5 Portionen

Rotweinkirschen:
Rezept siehe S. 261

Füllung:
1/8 l Milch
80 g Kristallzucker
200 g Walnüsse, gerieben
Prise Zimt (gemahlen)
3 EL Rum

Palatschinkenteig:
Siehe Grundrezept S. 74

Rotweinkirschen: Wie im Rezept (S. 261) beschrieben zubereiten.

Füllung: Milch mit Zucker aufkochen, Walnüsse und Zimt einrühren, Nussmasse kurz rösten und mit Rum aromatisieren.

Palatschinken: Wie im Grundrezept (S. 74) ausbacken, mit Nussfüllung bestreichen, zu Dreiecken falten und warm stellen.

Palatschinken mit Rotweinkirschen anrichten.

Kleine Topfenfladen mit Apfelsauce

Zutaten für 6 Portionen

Topfenfladen:
250 g Topfen (10% Fett)
30 g Butter
Schale von 1/2 Zitrone (unbehandelt), abgerieben
Prise Salz
1 Ei
1 Dotter
1 TL Vanillezucker
30 g Weizengrieß
30 g Mehl (glatt)

Apfelsauce:
Siehe Rezept S. 256

1/2 l Fett zum Ausbacken

3 EL Kristallzucker
Zimt (gemahlen)
Sauerrahm zum Garnieren

Topfenfladen: Topfen mit einer Teigkarte durch ein Passiersieb streichen. Butter schmelzen und etwas überkühlen lassen. Topfen mit Butter, Zitronenschale, Salz, Ei, Dotter sowie Vanillezucker gut verrühren. Grieß und Mehl nach und nach einrühren. Topfenmasse etwa 1–2 Stunden kalt rasten lassen.

Inzwischen die Apfelsauce (wie auf S. 256 beschrieben) zubereiten:

Aus der Topfenmasse mit einem Löffel kleine Portionen abstechen, mit befeuchteten Händen zu Knödeln formen, etwas flachdrücken und die Fladen in erhitztem Fett bei mittlerer Hitze (etwa 150 °C) goldgelb ausbacken.

Topfenfladen mit einem Lochschöpfer herausheben, gut abtropfen lassen. Kristallzucker mit Zimt vermischen und die Topfenfladen damit bestreuen. Topfenfladen mit Apfelsauce und Tupfer Sauerrahm anrichten.

Schmalzgebäck

Vermutlich ist die Mehlspeisküche im Gegensatz zur Zuckerbäckerei eine Erfindung der Frauen, die meist anonym blieben. Es soll zwar eine legendäre Cäcilie Krapf gegeben haben, der man die Erfindung des Krapfens zuschreibt – tatsächlich kannten schon die alten Römer ein krapfenähnliches Gebäck: Erwähnt wurde ein breiartiger Teig, der in heißem Fett gekocht und dann mit Honig bestrichen wurde. Es war ein mit Liebeszauber behaftetes Gebäck, welches bei den ausschweifenden Frühlings-Bacchanalien gebacken und in rauen Mengen verzehrt wurde. Wahrscheinlich haben römische Kolonisten diese Speise an den Donaulimes und nach Vindobona gebracht. Gerade eine Wiener Mehlspeisköchin verstand es, aus diesem übernommenen Gut einen wahren Kult zu machen.

Der heutige **Krapfen** dürfte den Namen von seiner ursprünglichen hakenförmigen Gestalt bekommen haben. Schon zur Zeit Karl des Großen bezeichnete krapho etwas Gekrümmtes, eine gebogene Klaue. Genau weiß man nicht, was man unter dieser heimischen Bezeichnung verstand; noch heute werden unterschiedliche Gebäckformen als „Krapfen" bezeichnet, ob sie rund, kugelig, länglich, gekrümmt, zupfig sind, ob süß oder pikant, ungefüllt oder gefüllt mit Fleisch, Kraut, Spinat, Fisch, Obst, Nüssen oder Marmelade, ob warm oder kalt serviert. Eines haben sie aber alle gemeinsam, nämlich, dass sie in heißem Fett, zumeist in ausgelassener Butter, gebacken wurden. Butterkrapfen, Zottelkrapfen, Bauernkrapfen, Brandteigkrapfen, Ischler Krapfen, Schlickkrapfen, Spießkrapfen, Prügelkrapfen,

Schmerkrapfen, Husarenkrapferln, Rosenkrapfen ... Wie weitläufig und willkürlich das Wort Krapfen in den späteren Kochbüchern angewendet wurde, zeigt schon eine wahllose Aufzählung. Der marmeladegefüllte Krapfen dürfte ein Erzeugnis der bürgerlichen Kochkunst sein. Wann diese Krapfen rund geworden sind und ihren hellen Ring um die Mitte bekommen haben, lässt sich nicht mehr eruieren. Aber schon bei den „gebackenen Mäusen" findet man diese Ballenform.

Schmalzgebäck – gleich welcher Art – spielte schon immer in der bäuerlichen Alltagskost, aber ganz besonders an Festtagen eine große Rolle. Dabei waren Größe, Form und Fülle anlassbedingt festgelegt. Für „gebackene Mäuse" benötigt man weniger Fett und Eier, sie waren deswegen früher vorwiegend Festtagsspeise für ärmere Leute. In einer Kostverordnung für das Gesinde aus dem Jahr 1749 stand geschrieben: „Extra zum Faschingsmahl jeder Person drey Krapfen!" Auffallend ist, dass Fettgebackenes immer an fröhlichen Festtagen, wie Hochzeiten, aufgetischt wurde, kaum zu traurigen Anlässen. Krapfen, Strauben, Küchlein sorgen auch heute noch für ausgelassene, fröhliche Stimmung – es ist der unwiderstehliche Duft, der beim Ausbacken des süßen Gebäcks entsteht.

Schmalzgebackenes kann man sowohl aus Germ-, Brand-, Wein-, Bier- als auch aus Mürbteig zubereiten. Es kann gefüllt oder ungefüllt sein, aber immer muss es möglichst frisch gebacken verzehrt werden.

Beim Ausbacken ist die richtige Backtemperatur für das gute Gelingen entscheidend. Zwischen 150 und 160 °C sind ideal, je nach Größe des Backwerks. Je dicker die Teigstücke, umso niedriger die Backtemperatur, damit sie außen nicht zu rasch bräunen, bevor sie innen gar sind. Das Gebackene auf mehreren Lagen Küchenpapier gut abtropfen lassen. Früher war das nicht notwendig, da für die schwere körperliche Arbeit Fett sehr wichtig war.

So gelingen die Krapfen:

- Alle Zutaten sollen Zimmertemperatur haben. Auch das Mehl! Rechtzeitig Eier, Butter, Milch aus dem Kühlschrank nehmen – mindestens 1 Stunde vorher.
- Wir empfehlen Mehl zu sieben, da es dadurch mehr Luft bekommt, es lässt sich leichter mit den übrigen Zutaten vermengen und der Teig geht schöner auf.
- Das so genannte Dampfl, das ist die Gärprobe für die Germ, ist nicht zwingend notwendig, aber man kann sofort feststellen, ob die Hefepilze auch „brav arbeiten".
- Germteig will gut geschlagen und kräftig geknetet werden und er braucht Zeit zum Ruhen und Aufgehen. Das Backrohr ist der ideale Ort zum Gehen des Teiges. Auf 50 °C vorheizen und dann abschalten.
- Besonders feinporig wird der Teig, wenn man ihn nach dem Aufgehen zusammen schlägt und nochmals aufgehen lässt. Den Vorgang wiederholen.
- Beim Formen der Krapfen gibt es wie bei vielen Traditionsgerichten zwei verschiedene Schulen, deren Anhänger sich allesamt im Besitz der „einzig wahren Lehre" wissen: Beim so genannten „Schleifen" wird der Teig in Portionsstücke geteilt und diese dann mit den Handflächen zu glatten, runden Kugeln gerollt. Der „geschliffene" Krapfen ist für Anfänger einfacher zu bewerkstelligen. Er wird erst nach dem Backen gefüllt.
  Der ausgestochene Krapfen besteht aus zwei mit Marmelade zusammengesetzten Teigscheiben.
- Am besten verwendet man geschmacksneutrales Pflanzen- oder Kokosfett, auch wenn das nicht unbedingt preisgünstig ist. Besonders fein werden die Krapfen, wenn man sie in Butterschmalz ausbäckt. Eine Investition, die sich lohnt!
- Die Backtemperatur ist ideal bei 150–160 °C. Temperatur prüfen! **Tipp:** Hölzer-

nen Kochlöffelstiel anfeuchten und in das heiße Fett halten; bilden sich Bläschen, ist das Fett heiß genug und der Krapfen darf ins Schmalzbad. Krapfen werden immer mit der aufgegangenen Oberseite nach unten ins Fett gelegt. Nicht zu viele Krapfen einlegen! Topf zudecken, damit der entstehende Dampf die Krapfen schön aufgehen lässt. Nach etwa 1½ Minuten Deckel abheben, und wenn die Unterseite schön golden ist, Krapfen wenden und offen fertig backen. Mit einem Siebschöpfer aus dem Fett heben und auf Küchenkrepp gut abtropfen lassen.

- Perfekt gebackene Krapfen tragen ein Gütesiegel um die runde Mitte: ein gleichmäßiger weißer Ring, auch „Ranftl" genannt. Das Geheimnis? Der Rum. Er sorgt nicht nur für Aroma, der beim Backen verdampfende Alkohol lässt auch den Krapfen schön aufgehen. Die Luft im Krapfen gibt ihm sozusagen „Auftrieb" und lässt ihn schön an der Oberfläche schwimmen.

- Zum Füllen der Krapfen gibt es spezielle Krapfentüllen für die handelsüblichen Dressiersäcke.
- Jetzt kann eigentlich nichts mehr schiefgehen, mein letzter Tipp: Die noch lauwarmen Krapfen mit Zucker bestreuen und genießen.

Als Pavese, Pofese, Poföse, Bofese bezeichnete man im Mittelhochdeutschen einen großen Schild, der, mit einer langen Eisenspitze versehen, in die Erde gestoßen wurde und dem Schützen als Deckung diente. Noch heute heißen zwei schildförmige, mit einer Fülle zusammengefügte Weißbrotschnitten im Italienischen „pavese". Zum ersten Mal belegt ist das Wort im Tegernseer Klosterkochbuch aus dem Jahr 1534.

Das Gericht besteht aus zwei Semmelschnitten, die man – je nach Rezept – mit Kalbshirn oder Powidl füllt und im Eimantel ausbäckt. Die Hirnpofesen sind wohl auch der Grund, warum das menschliche Gehirn im Wiener Dialekt auch „Pofesenkammerl" genannt wird.

Darauf muss man beim Ausbacken von Pofesen achten:

- Zum schwimmend Ausbacken benötigt man relativ hohe Temperatur: zwischen 160 und 180 °C sind ideal, je nach Größe des Backwerks. Dadurch bildet sich unmittelbar nach dem Eintauchen ins erhitzte Fett eine knusprige Kruste. Bei zu niederer Temperatur saugen sich die Pofesen beim Einlegen sofort mit Fett voll, sie werden nicht knusprig, sondern weich.
- Nur hoch erhitzbare Fette wie Butterschmalz, Schmalz, Kokosfett oder Öl verwenden.
- Achtung: Das Fett keinesfalls so stark erhitzen, dass es zu rauchen beginnt. Rauchendes Fett ist zu heiß und sollte nicht mehr verwendet werden, da es gesundheitsschädlich ist.
- Gebackene Pofesen auf mehreren Lagen Küchenpapier gut abtropfen lassen. Früher war das nicht notwendig, da für die schwere körperliche Arbeit Fett sehr wichtig war.

Gebackene Apfelscheiben mit Mostschaum

Zutaten für 6 Portionen

¾ kg Äpfel
Saft von 1 Zitrone
2 EL Rum oder Weinbrand
2 EL Staubzucker

Weinbackteig:
Rezept siehe S. 108

½ l Fett zum Ausbacken

Mostschaum:
⅛ l Apfelmost
40 g Kristallzucker
4 Dotter
Prise Salz
1 TL Vanillezucker

150 g Preiselbeerkompott
Staubzucker zum Bestreuen

Äpfel waschen, schälen, Kerngehäuse ausstechen und die Äpfel in etwa 1 cm dicke Scheiben schneiden. Apfelscheiben mit Zitronensaft sowie Rum beträufeln, mit Staubzucker bestreuen und ein wenig ziehen lassen.

Weinbackteig wie auf S. 108 beschrieben zubereiten.

Apfelscheiben in den Backteig tauchen und in erhitztem Fett beidseitig etwa 3 Minuten goldgelb ausbacken. Mit einem Lochschöpfer herausheben und gut abtropfen lassen.

Mostschaum: Apfelmost mit Kristallzucker, Dottern, Salz sowie Vanillezucker in einem Schneekessel verrühren und über Dampf mit einer Schneerute schaumig aufschlagen.

Gebackene Apfelscheiben mit Mostschaum und je 1 EL Preiselbeerkompott anrichten, mit Staubzucker bestreut servieren.

Schlosserbuben

Zutaten für 4 Portionen

$1/16$ l Rotwein
60 g Kristallzucker
$1/2$ Zimtstange
Schale von jeweils
$1/2$ Zitrone (unbehandelt)
und $1/2$ Orange
(unbehandelt), abgerieben
36 Dörrzwetschken
18 geschälte Mandeln oder
200 g Marzipan (in kleine
Stücke geschnitten)

Backteig:
Rezept S. 263

Himbeersauce:
Rezept siehe S. 256

$1/2$ l Fett zum Ausbacken

90 g dunkle Kuvertüre,
gerieben
90 g Staubzucker

Rotwein mit $1/8$ l Wasser, Zucker, Zimtstange sowie Zitronen- und Orangenschale aufkochen und bei geringer Hitze etwa 5 Minuten ziehen lassen.

Dörrzwetschken falls notwendig entkernen (dabei nicht halbieren), in den Sud einlegen und bei geringer Hitze etwa 5 Minuten ziehen lassen; von der Hitze nehmen. Orangen- sowie Zitronenschale aus dem Sud entfernen und die Zwetschken mindestens 6 Stunden – am besten über Nacht – kalt stellen.

Dörrzwetschken gut abtropfen lassen und mit einer Mandel (bzw. Marzipanstück) füllen.

Backteig wie auf S. 263 beschrieben zubereiten.

Zwetschken durch den Teig ziehen und in heißem Fett ausbacken. Auf Küchenpapier gut abtropfen lassen.

Himbeersauce wie auf S. 256 beschrieben zubereiten.

Schokolade mit Staubzucker vermengen und die Schlosserbuben darin wälzen, noch heiß mit Himbeersauce servieren.

Hinweis: Für Kinder die Dörrzwetschken nur in Wasser marinieren!

Variation: Man kann die Dörrzwetschken auch in einer Mischung aus Rum mit Sliwowitz marinieren.

Gebackene Mäuse

Zutaten für 6 Portionen

160 g Mehl (glatt)
80 ml Milch
8 g Germ
2 Dotter
1 EL Staubzucker
1 TL Vanillezucker
Prise Salz
Schale von ½ Zitrone (unbehandelt), abgerieben
30 g Butter

½ l Öl oder Backfett zum schwimmend Ausbacken
Staubzucker zum Bestreuen

Mehl sieben. Milch lauwarm (etwa 25 °C) erwärmen. Germ zerbröseln und mit der Milch und etwas vom Mehl zu einem Brei verrühren; mit Mehl stauben und zugedeckt an einem warmen Ort auf das eineinhalbfache Volumen aufgehen lassen.

Dotter mit Staub- sowie Vanillezucker, Salz, Zitronenschale verrühren, anschließend – am besten mit den Knethaken des Handrührgerätes – mit dem Dampfl und dem restlichen Mehl und zum Schluss mit der Butter zu einem glatten, weichen Teig verarbeiten. Zugedeckt an einem warmen Ort auf das eineinhalbfache Volumen aufgehen lassen.

Fett in einem Topf erhitzen (mittlere Hitze, etwa 150 °C). Aus dem Teig mit einem immer wieder ins heiße Fett getauchten Esslöffel kleine Portionen abstechen, ins heiße Fett einlegen und portionsweise bei geringer Hitze etwa 2 Minuten goldgelb und knusprig ausbacken. Mit einem Lochschöpfer herausheben, auf Küchenkrepp gut abtropfen lassen. Mit Staubzucker bestreut anrichten.

Tipp: Mit Fruchtsauce (z. B. Himbeer- oder Erdbeersauce) servieren.

Wiener Faschingskrapfen

Zutaten für etwa 12 Krapfen

50 g frische Germ
etwa 140 ml Milch
650 g Mehl (glatt)
5 Dotter
2 Eier
50 g Kristallzucker
20 g Vanillezucker
55 ml Rum
12 g Salz
Schale von ½ Zitrone (unbehandelt), abgerieben
130 g weiche Butter
Mehl zum Ausarbeiten

etwa
150 g Marillenmarmelade
600 g Backfett (am besten Kokosfett)
Staubzucker

Germ in lauwarmer Milch auflösen und mit wenig Mehl zu einem Brei verrühren; mit wenig Mehl bestreuen; Dampfl zugedeckt an einem warmen Ort (max. 25–28 °C) gehen lassen, bis sich das Volumen verdoppelt hat und die Oberfläche grobe Risse zeigt.

Dotter mit Eiern, Kristall- sowie Vanillezucker, Rum, Salz, Zitronenschale gut verrühren. Weiche Butter mit Dampfl und restlichem Mehl nach und nach unterrühren und alles – am besten mit den Knethaken des Handrührgerätes – zu einem glatten Teig abschlagen. Teig zugedeckt an einem warmen Ort etwa 10 Minuten aufgehen lassen.

Teig auf bemehlter Arbeitsfläche etwa 1 cm dick ausrollen. Mehl abkehren. Aus der Hälfte des Teiges 12 Scheiben (á 6 cm Durchmesser) ausstechen. Auf dem restlichen Teig mit dem Ausstecher 12 Kreise markieren. Darauf je 1 TL Marillenmarmelade geben. Die ausgestochenen Scheiben daraufsetzen und etwas andrücken. Krapfen mit dem Ausstecher glatt ausstechen und mit der Oberseite nach unten auf ein bemehltes Tuch legen; zugedeckt an einem warmen Ort aufgehen lassen.
Hinweis: Sie sollten etwa um ein Drittel größer werden.

Krapfen mit der gewölbten Seite nach unten in erhitztes Fett (150 °C*) einlegen und zugedeckt etwa 3 Minuten anbacken. Krapfen mit einem Kochlöffel wenden und noch etwa 3 Minuten abgedeckt fertig backen, bis beide Seiten die gleiche Farbe haben. Krapfen mit einem Lochschöpfer herausheben und auf einem Gitter oder mehreren Lagen Küchenpapier gut abtropfen lassen. Abkühlen lassen.
Mit Staubzucker bestreut anrichten.

* Zur Probe der richtigen Temperatur eine befeuchtete Gabelspitze in das Fett tauchen – beginnt es mäßig zu spritzen und zu zischen, hat es die richtige Temperatur.

Wäschermädel

Zutaten für 6 Portionen

18 vollreife Marillen
1 EL Staubzucker
200 g Marzipan
4 cl (2–3 EL) Marillenbrand
50 g Mandeln, gehobelt

Marillensauce:
300 g Marillen
40 g Kristallzucker
Saft von ½ Zitrone
½ Zimtstange

Weinbackteig:
2 Eier
140 g Mehl (glatt)
⅛ l Weißwein
Schale von ½ Zitrone (unbehandelt), abgerieben
2 EL Öl
Prise Salz
10 g Kristallzucker

½ l Öl oder geschmacksneutrales Backfett
Staubzucker

Marillen waschen, blanchieren, in Eiswasser abschrecken und schälen. Marillen mithilfe eines Kochlöffelstiels entkernen (Kochlöffelstiel am Blütenansatz ansetzen und den Kern durchstoßen). Marillen in einer Schüssel mit Staubzucker bestreuen, gut durchmengen und etwa ¼ Stunde ziehen lassen.

Inzwischen Marillensauce zubereiten: Marillen waschen, entkernen und vierteln. 1/16 l Wasser mit Marillen und restlichen Zutaten aufkochen, so lange bei mittlerer Hitze kochen, bis die Marillen ganz weich sind. Zimtstange entfernen, Sauce pürieren und eventuell mit Zitronensaft und Zucker abschmecken.

Weinbackteig: Eier trennen. Mehl, Weißwein, Zitronenschale, Öl und Salz am besten mit dem Stabmixer pürieren. Eiklar mit Kristallzucker zu einem leichten Schnee schlagen und unter den Teig ziehen.
Marillen aus der Marinade heben und auf Kuchengitter gut abtropfen lassen; anschließend trockentupfen.

Marzipan mit Marillenbrand vermengen, in 18 Stücke schneiden und die Marzipanstücke anstelle der Kerne in die Marillen füllen.

Marillen in den Backteig tauchen, mit gehobelten Mandeln bestreuen und in heißem Fett bei mittlerer Hitze etwa 2 Minuten schwimmend ausbacken. Auf Küchenkrepp gut abtropfen lassen. Mit Marillensauce anrichten und mit Staubzucker bestreut servieren.

Pofesen (Arme Ritter) mit warmen Beeren

Zutaten für 4 Portionen

8 Scheiben Toastbrot*
60 g Powidl

Vanillemilch:
1/8 l Milch
1 TL Vanillezucker
Prise Salz
Schale von 1/4 Orange (unbehandelt), abgerieben
2 Eier

250 g Fett zum schwimmend Ausbacken

3 EL Kristallzucker
Zimt (gemahlen)
Staubzucker

* Man kann auch Semmel oder Brioche verwenden.

Aus den Toastscheiben mit einem Ausstecher Scheiben von etwa 8 cm Durchmesser ausstechen. 4 Toastscheiben auf jeweils einer Seite mit Powidl bestreichen. Jede bestrichene Brotscheibe mit einer unbestrichenen Brotscheibe belegen und mit den Händen vorsichtig zusammendrücken.

Milch mit Vanillezucker, Orangenschale sowie Salz und Eier verquirlen. Die zusammengesetzten Brotscheiben kurz (einige Sekunden!) in die Vanillemilch tauchen und in heißem Fett schwimmend auf beiden Seiten knusprig ausbacken.

Powidl-Pofesen auf einem Gitter gut abtropfen lassen. Kristallzucker mit Zimt vermischen, über die Pofesen streuen. Pofesen diagonal halbieren, auf Teller anrichten, mit Staubzucker bestreuen und am besten mit warmen Beeren servieren.

„Pofesen, Pofesen,wo bist du gewesen?
Im Himmel sechs Wochen, die Teuferln tun kochen,
die Engerln tun lachen, dass die Buckerln tun krachen!“

Kochten die Teuferln in diesem Lied vor Wut, dass sie nicht mitessen konnten, oder zogen sie ein höllisches Konkurrenzunternehmen auf?

Kalte Mehlspeisen

Kaffeemehlspeisen

Kaffeejausen sind selten geworden. Das ist schade, denn sie sind eine reizvolle Art der Gastlichkeit, die viele Generationen um einen Tisch versammelt.

Jause klingt altmodisch, sie hat aber etwas rührend Komisches an sich und spiegelt auch ein bisschen Sehnsucht nach Stille und Entspannung wider. Sie ist weit mehr als eine Zwischenmahlzeit und etwas Aktiveres als eine Siesta.

Die Jause ist eine feudale Erfindung, die sich am Wiener Hof im 13. Jahrhudert zur Zeit König Přemysl Ottokars durchsetzte, als er noch Glück hatte und die Habsburger noch nicht sein Ende planten. Ursprünglich war die Jause eine Zwischenmahlzeit um die Mittagszeit herum, erst später wurde sie in den Nachmittag verlegt. Sie war eine ziemlich opulente Mahlzeit, die sich nur der Hof und das Bürgertum leisten konnten. Das Wort geht auf das alttschechische „Joužina" zurück, das später ins Wienerische übernommen wurde. In Jause steckt auch das Wort „Jug" für Süden, das man aus dem Jugoslawischen kennt.

Die Menschen jausneten schon vor der Türkenbelagerung, der wir den Kaffee verdanken, und den spanischen Entdeckern – auch des Kakaos –, nur gab es damals Wein und G'selchtes statt Kaffee und Mehlspeis'. Brettljausen, bei denen man Speck und Schinken genießt, erfreuen sich heute noch ungebrochener Beliebtheit im ländlichen Gebiet, wo man sich nach einer Bergtour für die eigene Leistung belohnt. Teejausen haben sich noch nicht so richtig durchgesetzt, obgleich der Tee immer mehr an Beliebtheit gewinnt.

Bei Kaffee und Gugelhupf hat sich schon so manches österreichische Schicksal entschieden: Die Jause bei der „gnädigen Frau Schratt" war eine Institution. Am

Jausentisch mit ihrer Freundin, der Journalistin Berta Zuckerkandl, wurde die Schratt vom schlimmen Schicksal ihres Freundes und Kollegen Alexander Girardi informiert. Dem armen Girardi drohte die Einweisung ins Irrenhaus. Nach einer Auseinandersetzung mit seiner intriganten Frau hatte er die Nerven verloren und mit Selbstmord gedroht. Als schon Polizei und Ambulanzwagen sein Haus umstellten, flüchtete er mit Bart und weißer Perücke zur Schratt. Diese setzte alle Hebel in Bewegung, um Girardi aus dem Intrigennetz seiner Frau zu befreien, der Kaiser wurde informiert. Und die Folgen kamen nicht nur dem Girardi zugute, sondern sie reformierten die Gesetzgebung grundlegend. Nicht nur Ärzte, sondern auch Richter mussten seitdem einer Einweisung in die Psychiatrie zustimmen.

... Gugelhupf, Strudeln, Golatschen, Beugeln, Potizen, Cremeschnitten, Indianerkrapfen, Torten und Buchteln sind das flaumenleichte Fundament eines Genusses, der Reue erst kennenlernte, als man Kalorien zu zählen begann.

Es waren die vielen böhmischen Köchinnen, die durch den „Import" des Germteigs für die Bodenständigkeit der Wiener Mehlspeisküche sorgten. Die Buchteln kamen zu uns, als Böhmen noch bei Österreich war. „Buchticky" oder „Buchta" nannte man sie dort. Populär wurden sie – wie Franz Maier-Bruck erforschte – im biedermeierlichen Wien. Ein findiger und geschäftstüchtiger Wirt beim Agnesbründl am Hermannskogel überlegte, wie er den Absatz seiner Buchteln steigern könnte. Statt mit eingesottenen Früchten oder Powidl, füllte er die Germmehlspeis' mit Nummernzetteln der Lotterie (dazumal „Terno" genannt) und verkaufte sie um einen angemessenen Preis. Die Wiener, die alljährlich am 21. Jänner, dem Agnestag, und am 29. August, dem Tag Johannis Enthauptung, auf den Hermannskogel pilgerten, waren begeistert. Ganz Wien kaufte Ternobuchteln!

Mit Marmelade oder Powidl gefüllt, sind Buchteln der Inbegriff Wiener Kaffeegebäcks. Als besonders fein gelten Dukatenbuchteln. Sie werden aus flaumigem Germteig zubereitet und in der Größe eines Dukatens – einer ehemaligen österreichischen Währung – ausgestochen und ungefüllt gebacken.

Germteig ist kulturgeschichtlich eine der ältesten Möglichkeiten Kuchen zu backen. Was einst durch Zufall entstand (der vergessene Brei, der zu gären anfing), wurde im Laufe der Zeit verfeinert. Das Prinzip ist das gleiche geblieben: Lebende Hefepilze wandeln bei günstiger Temperatur und in einer feuchten Nährlösung die Stärke des Mehls in Zucker um, der wieder in Alkohol und Kohlensäure zerfällt. Die Kohlensäure sucht aus dem Gefängnis des Teiges zu entkommen und bohrt kleine Löcher, durch die sie austritt – so hebt sich der Teig in die Höhe, d. h. er „geht". Obwohl Germteig in der österreichischen Mehlspeisküche einen Stammplatz hat, ist die Verwendung von Germ noch nicht so alt. Erst im 17. Jahrhundert wurde flüssige Bierhefe für die Zubereitung von Weißgebäck verwendet. Presshefe wurde in Wien erstmals 1867 erzeugt. In Österreich verwendete man das Wort Germ für Hefe, das sich von „gären" ableitet.

Der **Germteig** ist der vielseitigste aller Teigarten, und je nach Zutaten wird daraus eine handfeste Hausmehlspeise oder eine köstliche Delikatesse.

- Wichtig für das Gelingen ist die Verwendung von frischer Germ, die ihre Wirkung nur in angenehm warmer Temperatur entfaltet.
- Kalter Luftzug ist für den empfindlichen Germteig wenig bekömmlich. Darum deckt man ihn zu, damit er sich nicht „verkühlt". Wärme tut dem Germteig gut, ideal sind 25–35 °C, jedoch mit zu starker Wärme erreicht man das Gegenteil – über 43 °C sterben die Hefezellen ab und der Teig geht nicht auf! Die lebenden Hefepilze mögen keinen direkten Kontakt mit Fett oder Salz. Das würde das Wachstum hemmen. Am besten gelingt Germteig, wenn man alle Zutaten warm untermengt.
- Bei Verwendung von Trockengerm muss man die angegebene Germmenge um etwa 25% erhöhen (1 Päckchen Trockengerm entspricht etwa 25 g frischer Germ). Frischgerm kann man ohne Qualitätsverlust bis zu 4 Monate tiefkühlen.
- Germteigbereitung ohne Vorteig („Dampfl") nennt man direkte Teigführung, bei Zubereitung eines Dampfls spricht man von indirekter Teigführung. Man verrührt in einem Gefäß die Germ mit wenig Zucker, gibt etwas lauwarme Milch sowie etwas Mehl dazu und verrührt alles zu einer glatten Masse. Mit etwas Mehl bestreut und zugedeckt, muss dieser Vorteig nun etwa 15 Minuten bei etwa 25 °C gehen, bis sich die Masse verdoppelt hat und die Oberfläche Risse bekommt. Dieses Dampfl mit der gesamten Mehlmenge sowie den übrigen (auch lauwarmen!) Zutaten verkneten und den Teig kräftig abschlagen, bis er glatt und glänzend ist. Das langwierige, Kräfte raubende Durcharbeiten ist durch Küchenmaschinen wesentlich vereinfacht worden. Anschließend Teig zugedeckt bei etwa 28–32 °C gehen lassen, bis sich das Volumen verdoppelt hat.
- **Tipp:** Ein Elektro-Backrohr ist zum Gehen als warmer Ort ideal, wenn man auf niedrigster Stufe, max. 40 °C (Gasbackrohr einige Minuten auf geringster Stufe), vorheizt, abdreht und etwas abkühlen lässt.
- Glattes Mehl (gesiebt) verwenden, und falls es an einem kalten Ort gelagert wurde, sollte man es vor dem Verarbeiten etwa ½ Tag bei Zimmertemperatur lagern oder kurz im Backrohr (höchstens 40 °C) anwärmen.
- Für Buchteln den Teig zu einer Rolle formen und diese in Scheiben schneiden oder aus dem etwa 2 cm dick ausgewalkten Teig mit einem Ausstecher (6 cm Durchmesser) Scheiben ausstechen.
- Teigscheiben mit jeweils einem Teelöffel Marmelade oder Powidl füllen.
- Teigscheiben in der Mitte zusammenlegen, in zerlassener Butter wenden und mit der Verschlussseite nach unten in die Form einlegen.

Grundrezept Blätterteig

Zutaten für
etwa 2½ kg Teig

Vorteig:
1 kg Mehl (glatt)
480 ml Wasser
22 ml Rum
17 g Salz
100 g Öl

Butterziegel:
800 g Butter
120 g Mehl (glatt)

Mehl zum Ausarbeiten

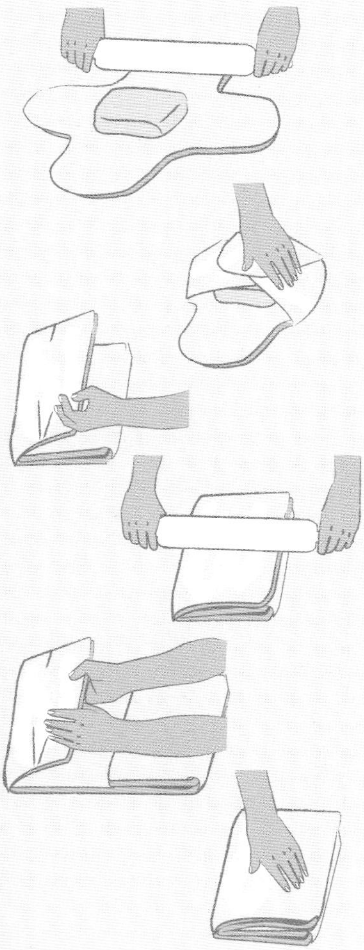

Vorteig: Mehl auf eine Arbeitsfläche sieben, in die Mitte eine Vertiefung drücken. Wasser, Rum, Salz und Butter in die Mulde geben und mit dem Mehl zu einem glatten, festen, glänzenden Teig verkneten. Teig zu einer Kugel formen, kreuzweise einschneiden und in ein feuchtes Küchentuch gewickelt etwa ¾ Stunde rasten lassen (nicht im Kühlschrank!).

Butterziegel: Gut gekühlte Butter mit einem Messer etwas zerkleinern, mit Mehl verkneten und auf einer schwach bemehlten Arbeitsfläche mithilfe einer Teigkarte zu einem „Ziegel" (25 cm Kantenlänge) formen und etwa 45 Minuten kalt stellen.
Vorteig auf bemehlter Arbeitsfläche mit dem Nudelwalker vorsichtig von der Mitte auseinanderrollen, die Ecken etwas dünner, die Mitte etwas dicker. Teig gut abkehren, damit eventuell vorhandenes Mehl entfernt wird.
Fettziegel in die Mitte des vierlappigen Teiges legen und die vier Teiglappen nacheinander über dem Fettziegel zusammenschlagen.
Teig anschließend zu einem Rechteck auswalken.

Einfache Tour: Von links und rechts je ein Drittel des Teiges zur Mitte hin einschlagen, sodass nun drei Teiglagen übereinanderliegen.

Doppelte Tour: Teig um 90° drehen und wieder zu einem Rechteck auswalken. Von links und rechts je ¼ des Teiges zur Mitte hin einschlagen und dann nochmals in der Mitte zusammenklappen, sodass nun vier Teiglagen übereinanderliegen.
Teig zugedeckt mindestens 45 Minuten kühl rasten lassen und die einfache und die doppelte Tour wiederholen. Teig nochmals zugedeckt etwa 1 Stunde im Kühlschrank rasten lassen.
Anschließend laut Rezept weiterverarbeiten.

Wichtig: Blätterteig immer 1–2 cm größer als benötigt ausrollen, da sich der Blätterteig während des Backens etwas zusammenzieht!

Angeblich war **Blätterteig** schon den alten Ägyptern bekannt, ziemlich sicher wurde er bereits im Mittelalter in Oberitalien zubereitet.

Blätterteig ist einfacher Strudelteig, der mit Fett (verwendet man dabei Butter, nennt man ihn Butterteig) belegt, zusammengelegt und wieder ausgewalkt wird. Dieser Vorgang des Zusammenlegens (man unterscheidet die einfache und die doppelte „Tour") kann beliebig oft wiederholt werden – je öfter man es macht, desto feiner wird der Teig. Durch das Fett bilden sich beim Backen zwischen den einzelnen Teigschichten Luftblasen, wodurch sich die einzelnen Schichten ganz leicht voneinander abheben und der Teig besonders locker und knusprig wird. Diese Schichten sind das besondere Charakteristikum des Teiges, den man in Frankreich „mille feuille" – tausend Blätter – nennt. Blätterteig enthält keinen Zucker und kann deshalb sowohl für süßes als auch für pikantes Gebäck verwendet werden.

Hier einige Tipps, damit der Blätterteig auch zu Hause gelingt:

- Am besten bereitet man gleich mehr vom Blätterteig zu, denn exakte Arbeit ist wichtig, was mit größeren Mengen leichter ist.
- Die Zutaten sollen möglichst kalt verarbeitet werden (Butter direkt aus dem Kühlschrank verwenden).
- Blätterteig vor dem Ausarbeiten gut kühlen.
- Teig nur auf einer mit wenig Mehl bestaubten, kühlen Arbeitsfläche verarbeiten, damit das Mengenverhältnis der Zutaten nicht verändert wird.
- Rastpausen zwischen den „Touren" immer genau einhalten, damit sich der Teig entspannen kann. Sind die Pausen zu kurz, zieht er sich zusammen.
- Zum Schneiden und Ausstechen nur scharfe Messer und Formen verwenden, da sonst die Teigränder zusammengedrückt werden und so das Aufgehen des Teiges verhindert wird.
- Blätterteig bekommt durch das Bestreichen mit verquirltem Dotter eine schöne Oberfläche (bei längeren Backzeiten mit Eiklar bestreichen, damit die Oberfläche nicht zu dunkel wird). Allerdings darf man die Teigränder nicht bestreichen, da sie die Teigschichten verkleben und am Rand nicht oder unregelmäßig aufgehen würden.
- Blätterteigreste nicht zusammenkneten, sondern übereinanderlegen, locker zusammendrücken, kurz kalt stellen und mit dem Nudelwalker wieder ausrollen. So bleibt die Teigschichtung bestehen und der Teig kann aufgehen.
- Blätterteig kann zwei Tage im Kühlschrank aufbewahrt oder tiefgekühlt werden.
- Gebacken wird Blätterteig auf einem mit Wasser benetzten Backblech bei hoher Backtemperatur (je nach Größe des Backgutes bei etwa 200–220 °C).
- Das Backgut geht besonders schön auf, wenn man ein Gefäß mit Wasser ins Rohr stellt – der entstehende Dampf gibt dem Gebäck zusätzlich Auftrieb.
- **Wichtig:** Blätterteiggebäck immer ganz frisch servieren!

Grundrezept Plunderteig

Zutaten für etwa 1¼ kg Teig

Butterziegel:
350 g Butter
50 g Mehl (glatt)

Vorteig:
½ kg Mehl (glatt)
35 g Germ
etwa 200 ml Milch
40 g Kristallzucker
1 TL Vanillezucker
1 MS Salz
2 Dotter
Schale von 1 Zitrone (unbehandelt), abgerieben
30 g Butter

Mehl zum Ausarbeiten

Butterziegel: Gut gekühlte Butter in kleine Stücke schneiden, mit Mehl gut verkneten und auf einer leicht bemehlten Arbeitsfläche mithilfe einer Teigkarte zu einem „Ziegel" (10 cm x 20 cm) formen; zugedeckt kalt stellen.

Vorteig: Mehl in eine Schüssel sieben. Germ zerbröseln und mit ⅛ l kalter Milch, Zucker und Vanillezucker verrühren, bis sich die Germ vollständig aufgelöst hat. Germ mit Mehl, Salz, Dottern, restlicher Milch sowie Zitronenschale und Butter zu einem glatten, festen Teig kneten. Teig auf einen bemehlten Teller legen, kreuzweise einschneiden und etwa 5 Minuten rasten lassen. Vorteig auf bemehlter Arbeitsfläche mit einem Nudelwalker, von der Mitte ausgehend, ausrollen. Butterziegel in die Mitte des vierlappigen Teiges legen und die Teiglappen nacheinander über dem Fettziegel zusammenschlagen und die Teigenden festdrücken. Teig anschließend, von der Mitte ausgehend, zu einem Rechteck auswalken. Von links und rechts je ⅓ des Teiges zur Mitte hin einschlagen, sodass nun drei Teiglagen übereinanderliegen. Teig in Klarsichtfolie wickeln und etwa 20 Minuten kühl stellen.

Teig mit der Längsseite nach unten auf die Arbeitsfläche legen und nochmals wie oben beschrieben ausrollen und übereinanderlegen. Teig anschließend etwa 30 Minuten im Kühlschrank rasten lassen.

Grundrezept Brandteig (Krapfen, Profiteroles, Eclairs)

Zutaten für etwa 10 Stück

100 ml Wasser
55 g Butter
Prise Salz
70 g Mehl (glatt)
2 Eier

Wasser mit klein geschnittener Butter und Salz aufkochen. Mehl einrühren und so lange unter ständigem Rühren rösten, bis sich der Teig vom Kochtopfboden löst; von der Hitze nehmen. Teig in eine Schüssel geben. Eier – am besten mit dem Handrührgerät – einrühren.

Dann nach dem individuellen Rezept weiterverfahren.

Brandteig: „Thue schmaltz und wasser in eine pfanne, laß sieden, gieß es in schönes mehl und schlag 3 eyer daran ..." Dieses alte Rezept für „Aufgeloffene Hasen-Oehrlein" aus dem „Neuen und nutzbaren Koch-Buch" zeigt, dass der Brandteig keine Erfindung der neuen Mehlspeisküche ist, sondern bereits in früheren Jahrhunderten daraus Süßspeisen und Brauchtumsgebäck zubereitet wurden.

Seinen Namen verdankt der Brandteig der Tatsache, dass das Mehl bei der Zubereitung des Teiges nicht roh, sondern „abgebrannt" wird.

Tipps:

- Milch oder Wasser? Wird die Masse im Rohr gebacken, bereitet man den Brandteig mit Wasser zu, wird sie – z. B. für Krapfen – in Fett ausgebacken, verwendet man Milch.
- Teig rösten, bis sich der Teig vom Kochtopfboden löst und sich am Boden des Kochgeschirrs ein weißer Belag gebildet hat.
- Wird der Teig im Rohr gebacken oder in Fett ausgebacken, kommen ganze Eier in die abgebrannte Masse. Zum Kochen, also z. B. für Obstknödel oder Powidltascherln, nur Dotter verwenden.
- Besondere Bedeutung bei der Zubereitung von Brandteig kommt der genauen Bemessung der unter den „abgebrannten" Teig gerührten Eimenge zu. Bereits ein Ei zu viel kann den Teig verderben – die Masse bindet nicht mehr und wird „nockelig". Deshalb am besten die voraussichtlich benötigten Eier verquirlen und nach und nach unter den etwas überkühlten Teig rühren (Handrührgerät). So kann man die Eizugabe besser dosieren. Manchmal kann es notwendig sein, von der im Rezept angegebenen Eimenge abzuweichen, wenn der Teig die richtige Konsistenz hat.
- Der Teig hat die richtige Konsistenz, wenn er geschmeidig und fest ist.
- Backrohr: Tür zu!!! Während der Backzeit die Backrohrtür nicht öffnen – der Teig ist noch zu wenig fest und würde zusammenfallen.
- Sofort essen! Da Brandteiggebäck maximal einen Tag lagerfähig ist, bewahrt man es am besten offen am Blech auf. Auf keinen Fall in Folie, Blechdosen oder Frischhaltebehältern – es wird innerhalb kürzester Zeit zäh.
- Brandteig-Krapfen erst unmittelbar vor dem Anrichten füllen, da der Teig durch die Füllung rasch aufweicht.
- Die gebackenen, ungefüllten Krapfen kann man gut tiefkühlen. Bei Zimmertemperatur etwa 30 Minuten auftauen, danach im vorgeheizten Rohr bei etwa 190 °C kurz erwärmen.

Erdbeer-Schaumschnitten

Zutaten für 6 Portionen

Blätterteig:
ca. 250–300 g vom Grundrezept S. 118
250 g Erdbeeren für die Einlage

Schaummasse:
3 Gelatineblätter
4 Eiklar
180 g Kristallzucker

Staubzucker zum Bestreuen

Blätterteig: Wie im Rezept (S. 118) beschrieben zubereiten. Blätterteig zu einem 2 mm dünnen Rechteck (32 cm x 20 cm) ausrollen (**Hinweis:** Blätterteig immer 2 cm größer ausrollen, da er sich beim Backen etwas zusammenzieht). Auf ein mit Backtrennpapier ausgelegtes Blech legen und mit einer Gabel mehrmals einstechen (= stupfen). Im vorgeheizten Rohr bei 200 °C etwa 25 Minuten backen. Der Blätterteig muss gut ausgebacken sein, eventuell bei etwa 130–140 °C nachziehen lassen. Auskühlen lassen.

Blätterteig vorsichtig längs in 2 Teile schneiden (30 cm x 8 cm). Einen Streifen auf ein mit Backtrennpapier ausgelegtes Blech legen und mit einem ausziehbaren Kapselrahmen umstellen.

Erdbeeren waschen, putzen, sehr gut abtrocknen und der Länge nach in der Mitte aufstellen.

Schaummasse: Gelatine in kaltem Wasser einweichen. Eiklar mit Kristallzucker über Dampf warm schlagen (etwa 40 °C), von der Hitze nehmen und anschließend kalt schlagen (bis die Masse Zimmertemperatur erreicht hat und der Schnee sehr fest ist). Gelatine über Dampf auflösen und sehr rasch und kurz (!) in den Schnee rühren.

Schnee sofort in einen Spritzsack mit glatter Tülle füllen und auf den vorbereiteten Blätterteigboden mit den Erdbeeren im Kapselrahmen spritzen. Oberfläche glatt streichen. Etwa 30 Minuten anziehen (stocken) lassen. Anschließend den Kapselrahmen mithilfe eines in heißes Wasser getauchten glatten Messers vorsichtig am Rand von der Masse ablösen und entfernen.
Zweiten Blätterteigstreifen wenden, sodass die „schöne" Seite oben ist; in sechs Streifen (5 cm breit) schneiden und auf die Schaumschnitte legen. Mit einem feuchten Messer Portionsschnitten schneiden und dekorativ bezuckern.

Buchteln

Zutaten für 8–10 Portionen

Germteig:
40 g Germ
120 ml lauwarme Milch
500 g Mehl (glatt)
3 Dotter
1 Ei
50 g Kristallzucker
1 TL Vanillezucker
etwa 8 g Salz
45 ml Rum
Schale von ½ Zitrone
(unbehandelt), abgerieben
100 g weiche Butter
Mehl zum Ausarbeiten
etwa 300 g Powidl

Butter für die Form
und zerlassene Butter
zum Bestreichen
Staubzucker

Germteig: Germ zerbröseln, in der lauwarmen Milch auflösen und mit etwas Mehl zu einem Brei rühren, mit Mehl stauben und zugedeckt an einem warmen Ort etwa 15 Minuten gehen lassen.

Hinweis: Das Volumen soll sich verdoppeln und die Oberfläche sollte grobe Risse zeigen.

Dotter mit Ei, Kristall- sowie Vanillezucker, Salz, Rum und Zitronenschale schaumig rühren. Weiche Butter, Dampfl und restliches Mehl beifügen und – am besten mit den Knethaken des Handrührgerätes – zu einem glatten, weichen Teig verarbeiten. Den Teig zugedeckt an einem warmen Ort etwa 20 Minuten auf das doppelte Volumen gehen lassen.

Germteig auf einer bemehlten Arbeitsfläche nochmals gut durchkneten, ½ cm dick ausrollen und in Quadrate (6 cm x 6 cm) schneiden. Auf jedes Teilstück mit einem Dressiersack mit glatter Tülle einen Tupfer Powidl aufdressieren oder mit einem Löffel kleine Häufchen Powidl auf jedes Stück setzen. Teig über der Füllung zusammendrehen und mit der Verschlussseite nach unten in eine bebutterte Form setzen. Mit zerlassener Butter bestreichen und bei ca. 28–30 °C auf annähernd das doppelte Volumen aufgehen lassen, im vorgeheizten Rohr bei 180 °C etwa 35 Minuten backen. Nach dem Backen nochmals mit Butter bestreichen und ca. 5 Minuten überkühlen lassen.

Buchteln mit Zucker bestreuen und mit Vanillesauce (Rezept S. 259) anrichten.

Kärntner Reindling

Zutaten für 1 Reindling mit 10 Stück

Germteig (diese Menge reicht für 2 Reindlinge):
30 g Germ
120 ml lauwarme Milch
550 g Mehl (glatt)
3 Dotter
1 Ei
50 g Kristallzucker
1 TL Vanillezucker
etwa 8 g Salz
45 ml Rum
Schale von ½ Zitrone (unbehandelt), abgerieben
100 g weiche Butter
Mehl zum Ausarbeiten

Füllung:
150 g Rosinen
½ TL Zimt (gemahlen)
100 g Vollrohrzucker*
50 g Walnüsse, grob gehackt
Butter für die Form und zum Bestreichen
Mehl zum Ausarbeiten

* Mit Vollrohrzucker schmeckt der Reindling feiner, man kann natürlich auch normalen Kristallzucker verwenden.

Germteig: Germ zerbröseln, in der lauwarmen Milch auflösen und mit etwas Mehl zu einem Brei rühren, mit Mehl stauben und zugedeckt an einem warmen Ort etwa 15 Minuten gehen lassen.
Hinweis: Das Volumen soll sich verdoppeln und die Oberfläche sollte grobe Risse zeigen.
Dotter mit Ei, Kristall- sowie Vanillezucker, Salz, Rum und Zitronenschale schaumig rühren. Weiche Butter, Dampfl und restliches Mehl beifügen und – am besten mit den Knethaken des Handrührgerätes – zu einem glatten Teig verarbeiten. Den Teig zugedeckt an einem warmen Ort etwa 20 Minuten auf das doppelte Volumen gehen lassen.

Füllung: Rosinen heiß waschen und gut abtropfen lassen. Zimt und Zucker vermengen. Etwas Butter schmelzen. Eine Gugelhupfform (möglichst nicht aus Keramik) mit Butter ausstreichen.

Germteig auf bemehlter Arbeitsfläche zu einem etwa 5 mm dicken Rechteck ausrollen, mit Butter bestreichen und mit Zimtzucker sowie Rosinen und Walnüssen bestreuen. Teig fest einrollen, die Rollenenden aneinanderdrücken, sodass eine Art Ring entsteht; in die Form legen, leicht andrücken, mit Butter bestreichen und mit Klarsichtfolie zugedeckt etwa 45 Minuten aufgehen lassen.
Im vorgeheizten Rohr bei 170–180 °C etwa 45–50 Minuten backen.

Reindling aus der Form stürzen und nochmals mit zerlassener Butter bestreichen.

Nusspotize

Zutaten für 2 Potizen mit jeweils etwa 10 Portionen

Germteig:
30 g Germ
120 ml lauwarme Milch
550 g Mehl (glatt)
3 Dotter
1 Ei
50 g Kristallzucker
1 TL Vanillezucker
etwa 8 g Salz
45 ml Rum
Schale von 1/4 Zitrone (unbehandelt), abgerieben
100 g weiche Butter
Mehl zum Ausarbeiten
zerlassene Butter zum Bestreichen

Nussfülle
210 ml Milch
120 g Kristallzucker
15 g Vanillezücker
1 MS Zimt (gemahlen)
Schale von ½ Zitrone (unbehandelt), abgerieben
300 g geriebene Walnüsse
70 g Semmelbrösel

Germteig: Germ zerbröseln, in der lauwarmen Milch auflösen und mit etwas Mehl zu einem Brei rühren, mit Mehl stauben und zugedeckt an einem warmen Ort etwa 15 Minuten gehen lassen.
Hinweis: Das Volumen soll sich verdoppeln und die Oberfläche sollte grobe Risse zeigen.
Dotter mit Ei, Kristall- sowie Vanillezucker, Salz, Rum und Zitronenschale schaumig rühren. Weiche Butter, Dampfl und restliches Mehl beifügen und – am besten mit den Knethaken des Handrührgerätes – zu einem glatten Teig verarbeiten. Den Teig zugedeckt an einem warmen Ort etwa 20 Minuten auf das doppelte Volumen gehen lassen.

Füllung: Milch mit dem Zucker, Vanillezucker, Zimt und Zitronenschale aufkochen. Nüsse, Semmelbrösel einrühren und ca. 20 Sekunden rösten. Nussfülle sofort aus dem Topf nehmen und auskühlen lassen.

Germteig nochmals mit den Händen auf bemehlter Arbeitsfläche gut durchkneten und zu zwei gleich großen Stangen formen. 5 mm dick und rechteckig ausrollen. Nussfüllung gleichmäßig darauf verteilen und glatt verstreichen. Teig von beiden Längsseiten her jeweils zur Mitte hin aufrollen und in eine bebutterte und bemehlte Rehrückenform (etwa 30 cm lang, 8 cm breit, 6 cm tief) setzen; mit zerlassener Butter bestreichen und an einem warmen Ort (30 °C) etwa 40 Minuten gehen lassen.
Hinweis: Die Potize soll langsam gehen, sonst entstehen Hohlräume zwischen Füllung und Teig. Im vorgeheizten Rohr bei 180 °C etwa 45 Minuten backen.
Potize auskühlen lassen und aus der Form stürzen.

Tipp: Potize kann man auch mit Mohnfüllung (Rezept S. 130) zubereiten.

Feiner Mohnzopf

Zutaten für 1 Zopf
mit 12 Scheiben

Briocheteig:*
2 Eier
40 g Staubzucker
15 g frische Germ
1 TL Vanillezucker
280 g Mehl (glatt)
125 g weiche Butter
5 g Salz

Mohnfülle:
300 ml Milch
110 g Zucker
½ Päcken Vanillezucker
2 MS Zimt (gemahlen)
50 g Weizengrieß
200 g gemahlener Mohn

Butter für die Kastenform

Heiße Marillenmarmelade
zum Bestreichen
Fondant zum Glasieren

* Briocheteig hat einen höheren Butteranteil als normaler Germteig.

Mohnfülle: Fülle als erstes zubereiten, damit sie auskühlen kann. Milch, Zucker, Vanillezucker und Zimt aufkochen, Weizengrieß einrühren und unter ständigem Rühren ausquellen lassen. Mohn dazugeben, kurz anrösten und auskühlen lassen. **Hinweis:** Die Füllung soll streichfähig sein. Ist sie zu fest, etwas Rum, Läuterzucker oder Marillenmarmelade beifügen.

Briocheteig: Eier mit Staubzucker, zerbröselter Germ und Vanillezucker gut verrühren, bis die Germ vollständig aufgelöst ist und alle Zutaten gut vermischt sind. Mehl beifügen und kurz ankneten; Butter und Salz dazugeben und gut zu einem glatten Germteig verkneten. Teig zu einem Rechteck formen und mit Folie abgedeckt etwa 15 Minuten kühl stellen.
Briocheteig zu einem Rechteck (40 cm x 20 cm) ausrollen, Füllung auf der unteren Teighälfte auftragen, freie Teigfläche darüberschlagen, in regelmäßigen Abständen an zwei Seiten leicht schräg einschneiden, diese Streifen zu einem Zopf flechten (siehe Illustration).
Zopf in bebutterte Kastenform geben und an einem warmen Ort (etwa 28 °C) ein Drittel aufgehen lassen. Im vorgeheizten Rohr bei 165 °C etwa 55–60 Minuten backen. Mohnzopf aus dem Rohr nehmen, mit heißer Marillenmarmelade bestreichen und dünn mit Fondant glasieren.

Tipp: Hübsch sieht der Mohnzopf aus, wenn man ihn nach dem Backen noch zusätzlich mit etwas Mohn bestreut.

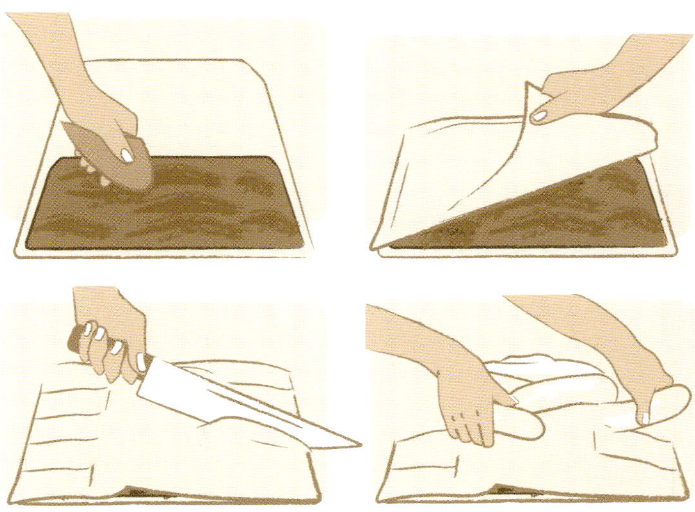

Topfengolatschen

Zutaten für 20 Stück

Plunderteig:
Grundrezept (S. 120)

Topfenfüllung:
60 g Butter
½ kg Topfen, passiert
Schale von ½ Zitrone (unbehandelt), abgerieben
120 g Staubzucker
1 Ei
2 TL Stärkemehl
1 TL Vanillezucker
Prise Salz

Mehl zum Ausarbeiten

1 Ei zum Bestreichen
Staubzucker zum Bestreuen

Plunderteig wie im Rezept (S. 120) zubereiten.

Füllung: Butter schmelzen. Topfen mit Zitronenschale, Staubzucker, Butter, Ei, Stärkemehl, Vanillezucker sowie Salz glatt rühren.

Teig auf bemehlter Arbeitsfläche etwa 2½ mm dick ausrollen. Aus dem Teig Quadrate mit 10 cm Seitenlänge schneiden. Ei verquirlen und die Teigränder damit bestreichen. Topfenfülle in kleinen Portionen in die Mitte der Teigstücke setzen. Die Ecken der Quadrate zur Mitte ziehen, über der Füllung falten und festdrücken. Aus den Teigresten kleine Quadrate schneiden und als Verschluss auf die Golatschen setzen.
Golatschen in größeren Abständen auf ein Blech legen, mit Klarsichtfolie zugedeckt an einem warmen Ort (etwa 30 °C) etwa 30 Minuten aufgehen lassen.
Im vorgeheizten Rohr bei 180 °C 15 Minuten backen.
Topfengolatschen abkühlen lassen, vom Blech nehmen und mit Staubzucker bestreut anrichten.

Fruchtplunder

Zutaten für 20 Stück

Plunderteig:
Grundrezept (S. 120)

Vanillecreme:
200 g des Rezepts (S. 264)

verschiedene Früchte (auch Kompottfrüchte), Beeren usw.
1 Ei
1 Packung Tortengelee

Plunderteig (S. 120) und Vanillecreme (S. 264) wie in den Rezepten beschrieben zubereiten.

Teig auf bemehlter Arbeitsfläche etwa 2 ½ mm dick ausrollen. Aus dem Teig 10 cm große Quadrate schneiden. Ei verquirlen und Ränder damit bestreichen. Vanillecreme in Spritzsack mit glatter Tülle füllen und kleine Portionen auf die Teigmitte spritzen. Zwei Ecken der Quadrate über die Füllung ziehen und festdrücken. Plunder in Abständen auf ein Blech legen, mit Klarsichtfolie zugedeckt an einem warmen Ort etwa 30 Minuten aufgehen lassen. Anschließend im vorgeheizten Rohr bei 180 °C 15 Minuten backen. Tortengelee laut Packungsvorschrift zubereiten. Plunder aus dem Rohr nehmen, mit Früchten belegen und Früchte mit Gelee bestreichen (= abglänzen).

Blätterteigtörtchen mit Marillen

Zutaten für 6 Portionen

40 g Läuterzucker*
150 g Rohmarzipan
4 cl (2–3 EL) Marillenbrand
etwa 600 g Marillen

250 g Fertigblätterteig
(oder selbst gemachter
Blätterteig Rezept S. 118)
100 g Marillenmarmelade
50 g Pistazien

Vanillesauce:
¼ l Milch
120 g Kristallzucker
6 Dotter
Salz
1–2 TL Vanillezucker

* Läuterzucker: Wasser und Zucker im Verhältnis 1:1 aufkochen und kalt stellen. Läuterzucker ist gut verschlossen im Kühlschrank einige Wochen haltbar.

Zuerst Vanillesauce wie auf Seite 259 beschrieben zubereiten. Läuterzucker mit Rohmarzipan sowie Marillenbrand zu einer glatten Masse verrühren. Marillen waschen, gut abtropfen lassen, entkernen und in Spalten schneiden. Blätterteig etwa 1½ mm dick ausrollen. Aus dem Blätterteig Scheiben (12 cm Durchmesser) ausstechen. Blätterteigränder etwas hochziehen und etwa 5 mm breit nach innen klappen, sodass eine Erhöhung (kleiner Tortenrand) entsteht. Siehe Illustration.

Blätterteigscheiben mit der Marzipanmasse bestreichen. Marillenspalten mit der Schnittfläche nach oben darauflegen und die Blätterteigtörtchen auf ein mit Wasser benetztes Blech legen; im vorgeheizten Rohr auf der untersten Schiene bei 230 °C etwa 10 Minuten backen. Marillenmarmelade aufkochen. Blätterteigtörtchen aus dem Rohr nehmen, mit heißer Marmelade bestreichen, mit Pistazien bestreuen und mit Vanillesauce anrichten.

Hinweis: Blätterteigtörtchen während der Backzeit eventuell eine Schiene höher stellen, damit die Böden nicht zu dunkel werden. Zur Kontrolle die Blätterteigböden mit einer Palette kurz anheben.

Tipp: Anstelle von Marillen eignen sich auch Zwetschken vorzüglich. Die Marzipanmasse dann mit Sliwowitz abrühren.

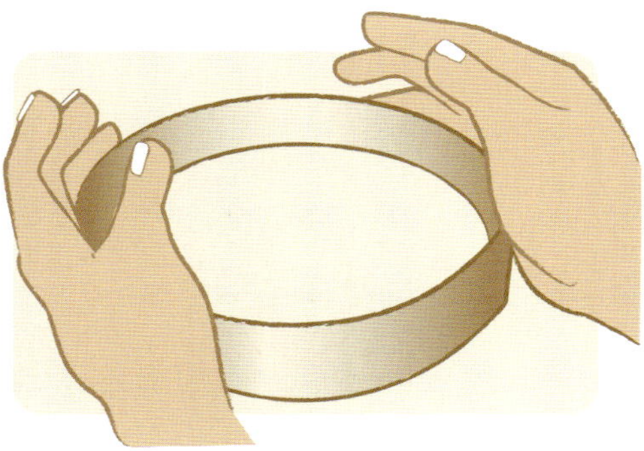

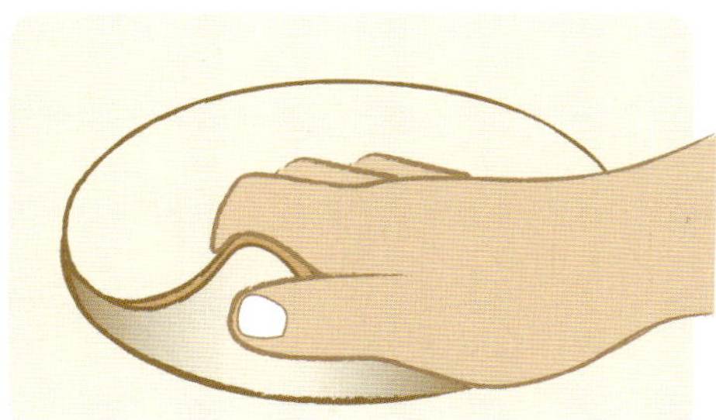

Schaumrollen

Zutaten für 10–12 Stück

500 g Fertigblätterteig (oder selbst gemachten Blätterteig S. 118)
Mehl zum Ausarbeiten
Flüssige Butter zum Bestreichen der Formen

Schaummasse:
3 Eiklar
180 g Kristallzucker

Staubzucker zum Bestreuen

Blätterteig auf bemehlter Arbeitsfläche 2½ mm dünn rechteckig ausrollen. Mehl von der Oberfläche mit einem trockenen Pinsel entfernen. Blätterteig in etwa 3 cm breite Streifen schneiden und diese mit Wasser bestreichen. Jeweils einen Teigstreifen überlappend um die mit Butter bestrichene Schaumrollen-Form wickeln. Die Teigrollen mit der Verschlussseite auf ein mit Backtrennpapier ausgelegtes Blech legen (genügend Abstand zwischen den Schaumrollen, damit sie nicht zusammenbacken), mit verquirltem Ei bestreichen; 10 Minuten rasten lassen und dann im vorgeheizten Rohr bei 210 °C etwa 10 Minuten backen. Temperatur auf 200 °C herunterschalten und die Rollen weitere 10–12 Minuten backen.

Wichtig: Backrohrtür nicht öffnen! Sonst geht der Teig nicht schön auf!

Anschließend die Rollen im ausgeschalteten Rohr und mit kleinem Spalt geöffnet (Kochlöffel in die Türe klemmen) etwa 10–15 Minuten nachziehen lassen.
Schaumrollen aus dem Rohr nehmen, überkühlen (eventuell noch nachziehen lassen) und vorsichtig von den Formen lösen.

Schaummasse: Eiklar mit Kristallzucker über Dampf (etwa 40 °C) schaumig rühren. **Wichtig:** Der Zucker muss sich vollständig aufgelöst haben. Anschließend – am besten mit dem Handrührgerät – kalt schlagen. Schaummasse in einen Dressiersack mit glatter Tülle (ca. 10–12 mm) geben und die Teigrollen bei der kleinen Öffnung damit füllen. Zart bezuckert servieren.

Wichtig: Butter- bzw. Blätterteig muss immer ausgebacken sein. Sollten die Schaumrollen innen noch weich oder teigig sein, bei etwa 130–140 °C nachziehen lassen. Backrohr einen Spalt offen lassen, damit die Feuchtigkeit entweichen kann.

Brandteigkrapfen

Zutaten für 10 Krapfen

Brandteig:
Grundrezept S. 120

Vanilleobers:
Rezept siehe S. 241

1 Ei zum Bestreichen
Staubzucker zum Bestreuen

Brandteig: Wie im Rezept auf S. 120 beschrieben zubereiten. Teig in einen Spritzsack mit großer, gezackter Tülle (Nr. 8) füllen und 10 Rosetten (Krapfen) auf ein mit Backtrennpapier ausgelegtes Blech dressieren.

Wichtig: Zwischen den Krapfen ausreichend Platz lassen.

Brandteigkrapfen mit verquirltem Ei bestreichen und im vorgeheizten Rohr bei 210 °C etwa 25 Minuten backen. Eventuell das Blech wenden und einige Minuten nachbacken. **Wichtig:** Die Backrohrtür während der ersten 25 Minuten nicht öffnen! Brandteigkrapfen auf einem Kuchengitter vollständig auskühlen lassen. Ausgekühlte Brandteigkrapfen quer durchschneiden, mit Vanilleobers füllen. Krapfen wieder zusammensetzen und mit Staubzucker bestreuen.

Tipp: Brandteigkrapfen schmecken auch mit frischen Früchten (z. B. Erdbeeren) vorzüglich.

Apfelstreuselkuchen

Zutaten für 1 Kuchen mit 12 Stück

Mürbteig:
Rezept siehe S. 165
Mehl zum Ausarbeiten
etwa 100 g Marillenmarmelade

Biskuitfleck (Blechgröße 30 cm x 40 cm):
5 Eier
100 g Kristallzucker
¼ Packung Vanillezucker
Prise Salz
Schale von ¼ Zitrone (unbehandelt), abgerieben
80 g Stärkemehl
80 g Mehl (glatt)
70 g heiße Butter

Apfelfülle:
250 g Kristallzucker
4 g Zimt
100 g Stärkemehl (Maisstärke)
40 ml Zitronensaft
2 kg Apfelspalten, geschält
100 g Rosinen

Butterstreusel:
250 g Mehl (glatt)
180 g Butter, in kleine Würfel geschnitten
60 g Rohmarzipan, kleinwürfelig geschnitten
100 g Staubzucker
1 MS Backpulver
⅓ Packung Vanillezucker
1 Prise Salz
1 MS Zimt

50 g Staubzucker mit 5 g Vanillezucker vermischt zum Bestreuen

Mürbteig: Wie im Rezept auf S. 165 beschrieben zubereiten und anschließend auf bemehlter Arbeitsfläche oder zwischen Backtrennpapier 3 mm dick auf Backblechgröße ausrollen. Auf ein mit Backtrennpapier ausgelegtes Blech geben, mit einer Gabel mehrmals stupfen (= einstechen, damit der Mürbteig sich nicht aufbläht und unregelmäßig aufgeht). Im vorgeheizten Rohr bei 180 °C etwa 10 Minuten goldgelb backen.

Biskuitfleck: Eier mit Kristall- und Vanillezucker, Salz sowie Zitronenschale gut verrühren und über Dampf (40 °C) dickschaumig aufschlagen. Anschließend kalt schlagen. Beide Mehlsorten versieben und unterziehen. Heiße Butter melieren.

Masse sofort auf ein mit Backtrennpapier ausgelegtes Blech verstreichen; im vorgeheizten Rohr bei 200 °C etwa 8–10 Minuten backen. Vollständig auskühlen lassen. Mürbteigboden mit Marillenmarmelade bestreichen. Biskuitfleck mit der „Hautseite" nach unten auflegen, mitgebackenes Papier abziehen, Biskuit mit einem Kapselrahmen umstellen.

Apfelfüllung: 600 ml Wasser mit Kristallzucker sowie Zimt aufkochen. Stärkemehl mit 70 ml Wasser, Zitronensaft gut verrühren, beifügen und unter ständigem Rühren gut durchkochen. Apfelspalten und Rosinen untermengen und bei geringer Hitze weich dünsten. **Hinweis:** Immer wieder mit einem Kochlöffel durchrühren, damit die Apfelmasse nicht anbrennt. Anschließend auf dem Biskuit verteilen und glatt verstreichen. Auskühlen lassen.

Butterstreusel: Alle Zutaten rasch zusammenkneten und zwischen den Fingern zu Streuseln verarbeiten. Etwa 10 Minuten kalt stellen; anschließend die Streusel auf ein mit Backtrennpapier ausgelegtes Blech legen und im vorgeheizten Rohr bei 165–170 °C etwa 18–20 Minuten goldgelb backen. Noch heiß mit einer Spachtel (Teigkarte) in gewünschte Größe hacken. Gleichmäßig auf dem Apfelkuchen verteilen und mit Vanille-Staubzucker bestreuen.

Zwetschkenkuchen

Zutaten für ein Backblech (40 cm x 30 cm) mit höherem Rand

1,2 kg Zwetschken
7 Eier
160 g Rohmarzipan
40 ml Milch
160 g Butter
70 g Staubzucker
15 g Vanillezucker
Prise Salz
Schale von ½ Zitrone (unbehandelt), abgerieben
180 g Kristallzucker
50 g Stärkemehl
200 g Mehl (glatt)
100 g Stärkemehl
Backoblaten
1 Packung klares Tortengelee

Zwetschken waschen und trocknen lassen. Dann halbieren, entkernen und jede Hälfte der Länge nach zweimal einschneiden.
Eier trennen. Rohmarzipan mit Dottern und Milch in einem Kessel – am besten mit dem Handrührgerät – glatt rühren und in eine Schüssel geben. Im selben Kessel Butter mit Staub- sowie Vanillezucker, Salz und Zitronenschale gut schaumig rühren. Dottermasse mit der Buttermasse verrühren. Eiklar mit Kristallzucker und Stärkemehl zu Schnee schlagen, unter die Butter-Dottermasse heben. Zum Schluss Mehl und Stärkemehl unterziehen. ¾ der Masse auf ein mit Backtrennpapier ausgelegtes Blech streichen. Mit Backoblaten bedecken, restliche Masse gleichmäßig darauf verstreichen.
Mit den Zwetschken dachziegelartig belegen. Zwetschkenkuchen im vorgeheizten Rohr bei 170 °C etwa 45 Minuten backen. Auskühlen lassen.

Tortengelee laut Packungsanweisung zubereiten und die Zwetschken damit bestreichen (= sog. „abglänzen": Die Zwetschken bleiben länger frisch und die Früchte dunkeln nicht nach).
Hinweis: Durch die Oblaten sinken die Früchte nicht zu Boden.

Tipp: Dieser Kuchen kann anstelle von Zwetschken auch mit Marillen, Kirschen, Weintrauben usw. belegt werden.

Preiselbeergugelhupf

Zutaten für 1 Gugelhupf
(2-Liter-Form)

250 g getrocknete
Preiselbeeren oder
Cranberries
50 ml Eierlikör
300 g zimmerwarme Butter
70 g Staubzucker
2 TL Vanillezucker
Schale von ½ Zitrone
(unbehandelt), abgerieben
Prise Salz
6 Eier
240 g Kristallzucker
300 g Mehl (glatt)

Butter und Mandelhobel für
die Gugelhupfform
Staubzucker zum Bestreuen

Preiselbeeren mit dem Eierlikör etwa 1–2 Tage marinieren lassen.
Butter mit Staub- und Vanillezucker, Zitronenschale sowie Salz schaumig rühren. Eier trennen. Dotter nach und nach unter den Butterabtrieb geben. Eiklar mit Kristallzucker zu steifem Schnee schlagen. **Hinweis:** Gut ausschlagen!
⅓ der Schneemenge mit dem Butterabtrieb gut verrühren. Restlichen Schnee unterheben. Preiselbeeren und Mehl behutsam unterziehen. Masse in eine bebutterte und mit gehobelten Mandeln ausgestreute Gugelhupfform füllen, dabei Masse zum Rand hochziehen und im vorgeheizten Rohr bei 170 °C etwa 1 Stunde backen. Gugelhupf aus der Form stürzen, auskühlen lassen und mit Staubzucker bestreut anrichten.

Tipp: Um zu verhindern, dass der Gugelhupf beim Backen über den Rand der Gugelhupfform quillt, legt man einen Papierstreifen so um die Form, dass er einige Zentimeter über den Rand hinaussteht. In den Kamin (= Loch in der Form) ein Papierstanitzel geben.

gugelhupf

M·iche Butter mit Staub- sowie Vanille-
schale und Salz cremig rühren. Dotter nach
gen.

Eier
zuck· lzucker zu steifem Schnee schlagen.
und n· nit dem Butterabtrieb gut verrühren.
en Schnee behutsam unterheben. Kakao
Eiklar m· ⅓ der Gugelhupfmasse in eine andere
⅓ vom S· d durch Einrühren des Kakao-Öls dunkel
Mehl und
mit Öl verrü·
Schüssel ge· Masse abwechselnd in eine bebut-
färben. sen ausgestreute Gugelhupfform
d hochstreichen (siehe Illustration
Die helle un· hupf im vorgeheizten Rohr bei
terte und mi· backen. Gugelhupf aus der Form
füllen. Masse· en und bezuckert servieren.
S. 180) und d·
170 °C etwa 1·
stürzen, auskül·

Zutaten für 1 Gugelhupf
mit 10 Stück

5 Eier
250 g zimmerwarme, weiche Butter
80 g Staubzucker
1 TL Vanillezucker
Schale von ½ Zitrone (unbehandelt), abgerieben
Salz
150 g Kristallzucker
250 g Mehl (glatt)
1 EL Kakao
2 TL Öl

Butter und gehobelte Haselnüsse oder Mehl für die Form
Staubzucker zum Bestreuen

Kaisergugelhupf

Zutaten für 1 Gugelhupf
(2-Liter-Form)

300 g zimmerwarme Butter
70 g Staubzucker
2 TL Vanillezucker
Schale von ½ Zitrone
(unbehandelt), abgerieben
Prise Salz
6 Eier
240 g Kristallzucker
140 g Schokolade, in kleine
Stückchen gehackt
140 g Walnüsse, gehackt
300 g Mehl (glatt)

Butter und Mandelsplitter
für die Gugelhupfform
Staubzucker zum Bestreuen

Butter mit Staub- und Vanillezucker, Zitronenschale
Salz schaumig rühren. Eier trennen. Dotter nach unc
unter den Butterabtrieb geben. Eiklar mit Kristallzuc
steifem Schnee schlagen.

⅓ der Schneemenge mit dem Butterabtrieb gut v
ren. Restlichen Schnee unterheben. Schokolades
mit Walnüssen und Mehl vermengen und behu
ziehen. Masse in eine bebutterte und mit Man
ausgestreute Gugelhupfform füllen, dabei zum
hochziehen und im vorgeheizten Rohr bei 17(er-
1 Stunde backen. n

Gugelhupf aus der Form stürzen, auskühlen la
Staubzucker bestreut anrichten.

d mit

Germgugelhupf

Zutaten für 1 Gugelhupf
mit 10 Stück

Germteig:
20 g Germ
1/8 l lauwarme Milch
300 g Mehl (glatt)
100 g Rosinen
4 Dotter
80 g Kristallzucker
2 TL Vanillezucker
Schale von ½ Zitrone
(unbehandelt), abgerieben
Prise Salz
80 g weiche Butter

Butter und Mehl für die
Gugelhupfform
weiße ganze Mandeln
Staubzucker zum Bestreuen

Germteig: Germ zerbröseln und in 1/16 l lauwarmer Milch auflösen; mit etwas vom Mehl zu einem Brei rühren. Dampfl mit Mehl bestreuen und zugedeckt an einem warmen Ort (etwa 28 °C) gehen lassen, bis sich das Volumen verdoppelt hat und die Oberfläche grobe Risse zeigt.
Rosinen heiß abwaschen, auf Küchenkrepp gut abtrocknen.
Dotter mit restlicher Milch, Kristall- und Vanillezucker, Zitronenschale und Salz gut verrühren, Dampfl einrühren.
Restliches Mehl und weiche Butter beifügen und alles zu einem glatten, aber festen Germteig abschlagen.
Zum Schluss Rosinen untermengen.

Gugelhupfform mit Butter bestreichen und mit Mehl ausstreuen. Weiße Mandeln auf dem Boden in die Form legen. Teig einfüllen, zugedeckt an einem warmen Ort etwa 45 Minuten gehen lassen.
Anschließend im vorgeheizten Rohr bei 170 °C etwa 45 Minuten backen.
Gugelhupf aus der Form stürzen und auskühlen lassen.
Bezuckert servieren.

Nusskranzkuchen

Zutaten für 1 Kuchen
mit 12 Stück

180 g Mehl (glatt)
1 MS Backpulver
250 g zimmerwarme, weiche Butter
6 Eier
80 g Staubzucker
2 TL Vanillezucker
Salz
3 EL Rum
150 g Kristallzucker
180 g Walnüsse, gerieben

Butter und Semmelbrösel für die Form
Staubzucker zum Bestreuen

Mehl mit Backpulver versieben.
Eier trennen. Weiche Butter mit Staub- sowie Vanillezucker, Salz und Rum cremig rühren. Dotter nach und nach unterrühren. Eiklar mit etwas Kristallzucker zu schmierigem Schnee schlagen, restlichen Zucker einrieseln lassen und den Schnee so lange weiterschlagen, bis der Zucker vollständig aufgelöst ist. **Hinweis:** Der Schnee soll aber nicht zu steif werden.

Die Hälfte vom Schnee mit der Buttermasse gut verrühren. Mehlmischung, Walnüsse und restlichen Schnee behutsam unterziehen.

Masse in eine bebutterte und mit Semmelbröseln ausgestreute Kranzkuchenform füllen, Masse zum Rand hochstreichen (siehe Illustration S. 180) und den Kuchen im vorgeheizten Rohr bei 170 °C etwa 1 Stunde backen. Kuchen aus der Form stürzen, auskühlen lassen und mit Staubzucker bestreut servieren.

Vollkornkuchen

Zutaten für etwa 12 Stück
(Kastenform 25 cm Länge)

Einlage:
40 g Kürbiskerne
200 g Bio-Dörrzwetschken

Vollkornmasse:
190 g Weizenvollkornmehl, gemahlen
5 g Backpulver
75 g Rohmarzipan
5 Eier
20 g Aranzini, sehr fein gehackt

190 g weiche Butter
ausgekratztes Mark von 1 Vanilleschote
Schale von ½ Zitrone (unbehandelt), abgerieben
Prise Salz
1 MS Zimt (gemahlen)
40 g Vollrohrzucker
45 g Honig

Butter für die Form

Einlage: Dörrzwetschken grob hacken.
Kürbiskerne und Dörrzwetschken separat in warmem Wasser für mindestens 3 Stunden einweichen. Anschließend Wasser abschütten, Früchte und Kerne gut mit Küchenkrepp abtupfen oder die Kerne im Rohr bei 80 °C trocknen. **Hinweis:** ¼ der Kürbiskerne zum Ausstreuen der Form beiseite geben.

Vollkornmasse: Weizenvollkornmehl mit Backpulver vermischen. Eier trennen. Marzipan mit Dottern sowie Aranzini in einer Schüssel glatt rühren.
Weiche Butter mit Vanillemark, Zitronenschale, Salz sowie Zimt schaumig rühren. Marzipanmasse einrühren.
Eiklar mit Rohrzucker und Honig zu Schnee schlagen, unterheben. Mehl, Dörrzwetschken und Kürbiskerne vermengen und behutsam unterziehen.

Masse in eine bebutterte und mit Kürbiskernen ausgestreute Kastenform füllen. Oberfläche glatt verstreichen und den Vollkornkuchen auf mittlerer Schiene ins auf 190 °C vorgeheizte Rohr geben. Temperatur auf 170 °C (Umluft: 160 °C) herunterschalten und den Kuchen etwa 35–40 Minuten backen.

Bananenkuchen

Zutaten für 1 Kuchen
mit 14 Stück

300 g Mehl (glatt)
1 MS Backpulver
3 Eier
300 g Bananen*
250 g Rohrzucker oder Kristallzucker
2 TL Vanillezucker
1/4 l Schlagobers
1/16 l Öl
80 g Walnüsse, gerieben

Butter und Mehl (oder Brösel) für die Form

* Hinweis: Unbedingt überreife Früchte für dieses Rezept verwenden, nur so bekommt der Kuchen das gewünschte Aroma.

Mehl mit Backpulver versieben. Eier trennen.
Bananen schälen und durch ein Sieb drücken. Bananenpüree mit der Hälfte des Zuckers und mit dem Vanillezucker schaumig rühren. Dotter und Schlagobers nach und nach unterrühren.
Zum Schluss das Öl rasch unterrühren.
Eiklar mit dem restlichen Zucker zu Schnee schlagen.
1/3 vom Schnee in die Bananenmasse rühren, restlichen Schnee, Mehl sowie Walnüsse behutsam unterheben.

Masse in eine bebutterte und mit Mehl ausgestreute Form füllen, Masse zum Rand hochstreichen (siehe Illustration S. 180) und den Kuchen im vorgeheizten Rohr bei 170 °C etwa 45 Minuten backen. Kuchen aus der Form stürzen und auskühlen lassen.

Rosinenkuchen

Zutaten für 1 Kuchen
mit 12 Stück

50 g Rosinen
7 Eier
160 g Kristallzucker
2 TL Vanillezucker
Salz
Schale von 1/2 Zitrone (unbehandelt), abgerieben
40 g Butter

Butter und Mehl für die Form

Rosinen heiß waschen und trockentupfen.
Eier trennen. Dotter mit 2 EL vom Kristallzucker, Vanillezucker, Salz sowie Zitronenschale schaumig rühren. Butter schmelzen. Eiklar mit restlichem Kristallzucker zu Schnee schlagen. 1/3 vom Schnee gut mit der Dottermasse verrühren. Restlichen Schnee und Mehl behutsam unterheben. Rosinen und heiße Butter vorsichtig unterziehen.

Masse in eine bebutterte und bemehlte Kastenform füllen, Masse zum Rand hochstreichen (siehe Illustration S. 180) und den Kuchen im vorgeheizten Rohr bei 170 °C etwa 35–40 Minuten backen.
Kuchen aus der Form stürzen und auskühlen lassen.

Mohr-im-Hemd-Kuchen

Eier trennen. Kuvertüre über Dampf schmelzen. Weiche Butter mit Vanillezucker, 60 g Kristallzucker und Salz cremig rühren. Dotter nach und nach unterrühren.
Zum Schluss die Kuvertüre unterziehen.

Eiklar mit restlichem Kristallzucker zu Schnee schlagen. ⅓ vom Schnee mit der Schokolademasse gut verrühren; restlichen Schnee, Brösel sowie Haselnüsse behutsam unterheben.

Masse in eine bebutterte und mit gehobelten Mandeln ausgestreute Form füllen, Masse zum Rand hochstreichen (siehe Illustration S. 180) und den Kuchen im vorgeheizten Rohr bei 160 °C etwa 1 Stunde backen. Kuchen aus der Form stürzen, auskühlen lassen, in Stücke schneiden und mit Schlagobers servieren.

Zutaten für 1 Kuchen
mit 10 Stück

8 Eier
140 g dunkle Kuvertüre
140 g zimmerwarme, weiche Butter
1 TL Vanillezucker
140 g Kristallzucker
Salz
180 g Haselnüsse oder Mandeln, gerieben
60 g Brösel*

Butter und gehobelte Mandeln für die Form
geschlagenes Schlagobers zum Garnieren

* Am besten eignen sich Kuchenbrösel oder geriebene Biskotten, ersatzweise kann man Semmelbrösel verwenden.

Aniskuchen

Weiche Butter mit Staub- und Vanillezucker sowie Salz cremig rühren. Eier nach und nach unterrühren. Mehl mit Backpulver und Anis vermengen. Mehlmischung in den Butterabtrieb rühren.

Masse in eine bebutterte und mit gehobelten Mandeln ausgestreute Wannen- oder Rehrückenform füllen, Masse zum Rand hochstreichen (siehe Illustration S. 180) und den Kuchen im vorgeheizten Rohr bei 170 °C etwa 55 Minuten backen. Kuchen aus der Form stürzen, auskühlen lassen, mit Staubzucker bestreuen und servieren.

Zutaten für 1 Kuchen
mit 12 Stück

250 g zimmerwarme, weiche Butter
250 g Staubzucker
2 TL Vanillezucker
Salz, 5 Eier
300 g Mehl (glatt)
1 MS Backpulver
20 g Anis

Butter und gehobelte Mandeln (oder geriebene Haselnüsse) für die Form
Staubzucker zum Bestreuen

Birnenkuchen

Zutaten für 1 Kuchen
mit 8 Stück

Mürbteig:
125 g Mehl (glatt)
80 g Butter, in kleine Würfel geschnitten
40 g Staubzucker
1 Dotter
½ TL Vanillezucker
Schale von ¼ Zitrone (unbehandelt), abgerieben
Mehl zum Ausarbeiten

120 g Rohmarzipan
3 Eier
140 g weiche Butter
140 g Staubzucker
Prise Salz
1 TL Stollengewürz
100 g Mehl (glatt)
100 g Stärkemehl
20 g Kakao
1 MS Backpulver
3–4 Kompottbirnen

Mürbteig: Alle Zutaten rasch zu einem Mürbteig verkneten; mindestens 30 Minuten kalt stellen; anschließend auf bemehlter Arbeitsfläche oder zwischen Backtrennpapier zu einer 2½ mm dicken Scheibe von etwa 24 cm Durchmesser ausrollen und mithilfe eines Rollholzes in eine Springform (20 cm Durchmesser) heben und diese damit auslegen. Überhängende Ränder abschneiden. Oberfläche mit einer Gabel mehrmals stupfen (= einstechen), damit der Mürbteig sich nicht aufbläht und unregelmäßig aufgeht.

Rohmarzipan mit einem Ei am besten mit dem Stabmixer pürieren. Butter mit Staubzucker, Salz und Stollengewürz schaumig rühren. Marzipanpüree und die restlichen Eier nach und nach unterrühren. Mehl mit Stärkemehl, Kakao und Backpulver versieben und behutsam unter den Butterabtrieb heben. Masse auf den Mürbteig gießen und glatt streichen.

Birnen gut abtropfen lassen, in Fächer schneiden und auf dem Kuchen dekorativ verteilen. Kuchen im vorgeheizten Rohr bei 200 °C Unterhitze etwa 50 Minuten backen. Überkühlen lassen und eventuell mit halb geschlagenem, nicht zu stark gesüßtem Schlagobers servieren.

Kokoskuchen

Weiche Butter mit Staub- und Vanillezucker, Orangenschale und Salz cremig rühren. Eier und Dotter nach und nach unterrühren. Kokosraspel unterziehen. Aranzini und Mehl unterheben.
Masse in eine bebutterte und bemehlte Form füllen, Masse zum Rand hochstreichen (siehe Illustration S. 180) und den Kuchen im vorgeheizten Rohr bei 160 °C etwa 1 Stunde backen. Kuchen aus der Form stürzen, auskühlen lassen; Orangenmarmelade aufkochen und den Kuchen damit bestreichen.

Zutaten für 1 Kuchen
mit 8–10 Stück

150 g zimmerwarme, weiche Butter
130 g Staubzucker
1 TL Vanillezucker
Schale von 1 Orange (unbehandelt), abgerieben
Salz
4 Eier
1 Dotter
200 g Kokosraspel
60 g Aranzini, gehackt
40 g Mehl (glatt)

Butter und Mehl für die Form
Orangenmarmelade zum Bestreichen

Dattel-Feigenkuchen

Feigen heiß waschen, gut abtropfen lassen und in ½ cm große Würfel schneiden. Datteln entkernen und in ½ cm große Stücke schneiden. Feigen und Datteln vermengen und mit Weinbrand beträufeln.
Eier trennen. Zimmerwarme Butter mit Staubzucker, Salz, Zimt und Vanillezucker cremig rühren. Dotter nach und nach unterrühren. Eiklar mit Kristallzucker zu Schnee schlagen. ⅓ vom Schnee und die Trockenfrüchte mit der Buttermasse gut verrühren, restlichen Schnee sowie Mehl unterheben. Masse in eine bebutterte und bemehlte Kuchenform füllen, Masse zum Rand hochstreichen (siehe Illustration S. 180) und den Kuchen im vorgeheizten Rohr bei 160 °C etwa 1 Stunde backen. Kuchen aus der Form stürzen und auskühlen lassen.

Tipp: Vanilleeis oder süßer Rahm schmeckt wunderbar zu diesem Kuchen.

Zutaten für 1 Kuchen
mit 10 Stück

150 g getrocknete Feigen
150 g getrocknete Datteln
3 EL Weinbrand
5 Eier
200 g zimmerwarme, weiche Butter
70 g Staubzucker
Salz
1 MS Zimt (gemahlen)
1 TL Vanillezucker
90 g Kristallzucker
220 g Mehl (glatt)

Butter und Mehl für die Form

Fruchtschüsserln

Zutaten für etwa 25 Stück (Tarteletteförmchen von 5 cm Ø, 1,5 cm Höhe)

Mürbteig:
Halbe Menge des Grundrezepts (S. 165)

Vanillecreme:
Viertel Menge des Rezepts (S. 264)

80 g dunkle Kuvertüre
verschiedene frische Früchte, wie Heidelbeeren, Himbeeren, Weintrauben, Orangenspalten usw.

1 Packung Tortengelee

Halbe Menge vom Mürbteig-Rezept (S. 165) wie beschrieben zubereiten.
Mürbteig zwischen Backtrennpier 3 mm dünn ausrollen; Scheiben etwas größer als die Tarteletteförmchen ausstechen und diese damit auslegen. Teig mit einer Gabel mehrmals einstechen, im vorgeheizten Rohr bei 180 °C etwa 10–12 Minuten hellbraun backen und auskühlen lassen.

Inzwischen Vanillecreme (S. 264) zubereiten, durch ein Passiersieb streichen und kalt stellen.
Schokolade temperieren, damit die Mürbteigböden ausstreichen (ersatzweise fertige Schockoladeglasur).
Vanillecreme in einen Spritzsack mit glatter Tülle füllen und in die Mürbteigschüsserln dressieren.

Früchte waschen, putzen, gut abtropfen lassen und dekorativ auf die Creme setzen.
Tortengelee laut Packungsanweisung zubereiten und die Früchte damit bestreichen.

Rehrücken

Zutaten für 1 Rehrücken mit 10 Stück

5 Eier
90 g Mandeln, gerieben
150 g Mehl (glatt)
90 g dunkle Kuvertüre
150 g Butter
50 g Staubzucker
Prise Salz
1 TL Vanillezucker
120 g Kristallzucker
Butter und Mehl für die Form

120 g Ribiselmarmelade

Glasur:
300 g Kristallzucker
250 g dunkle Kuvertüre
evtl. geschlagenes Schlagobers

Eier trennen. Mandeln mit Mehl vermengen. Kuvertüre über Dampf schmelzen. Butter mit Staubzucker, Salz, geschmolzener Kuvertüre sowie Vanillezucker cremig rühren. Dotter nach und nach unterrühren. Eiklar mit Kristallzucker zu Schnee schlagen. 1/3 vom Schnee mit der Schokolademasse gut verrühren, restlichen Schnee mit der Mehl-Mandelmischung behutsam unterheben.

Masse in eine bebutterte und bemehlte Rehrückenform füllen, zum Rand hochstreichen (siehe Illustration S. 180) und im vorgeheizten Rohr bei 170 °C etwa 50 Minuten backen. Kuchen aus der Form stürzen und auskühlen lassen. Ribiselmarmelade aufkochen und den Rehrücken damit gleichmäßig bestreichen.

Glasur: 1/8 l Wasser mit Zucker aufkochen. Von der Hitze nehmen. Kuvertüre in Stücke brechen, in den Zuckersirup geben und so lange rühren, bis sie vollständig geschmolzen ist. **Wichtig:** Den Rand des Topfes immer wieder mit einem nassen Pinsel abwischen, damit die Schokolade nicht anbrennt. Glasur auf 108 °C (Thermometer oder siehe Tipp) erhitzen und in ein anderes Geschirr abseihen. Etwa 1/3 der Glasur auf eine kalte Marmorplatte gießen und mit einer Palette verstreichen, bis die Schokoladeglasur dickflüssig ist (= sog. „tablieren". Siehe Illustration S. 265). Restliche Glasur in der Zwischenzeit gelegentlich behutsam glatt rühren, damit sich keine Haut bildet. Die dickflüssige Glasur wieder in das Geschirr streichen und mit der restlichen Glasur behutsam verrühren. Diesen Vorgang wiederholen, bis die gesamte Glasur dickflüssig ist. Rehrücken mit Glasur überziehen, fest werden lassen und Rehrücken mit Schlagobers servieren.

Tipp: Die Temperatur der Glasur kontrolliert man am besten mit der sog. Fingerprobe: Daumen und Zeigefinger zuerst in kaltes Wasser, danach in die Glasur tauchen. Glasur zwischen den Fingern verreiben. Finger öffnen: Zieht die Schokolade einen Faden, ist die Glasur richtig temperiert.

Marillenkuchen

Marillen waschen, entkernen und in Spalten (je nach Größe der Marillen in Viertel oder Sechstel) schneiden; auf Küchenkrepp gut abtrocknen lassen.

Eier trennen. Dotter mit 50 g Zucker verrühren, bis sich der Zucker vollständig aufgelöst hat. Butter mit Zitronenschale, Vanillezucker sowie Salz schaumig rühren. Dottermasse nach und nach unterrühren. Mehl mit Backpulver versieben. Eiklar mit restlichem Kristallzucker zu Schnee schlagen. Jeweils ⅓ vom Schnee und vom Mehl mit einem Schneebesen in die Masse rühren. Restlichen Schnee und restliches Mehl behutsam unterziehen.

Einen Tortenreifen (24 cm Durchmesser) mit Papier eindrehen bzw. eine Springform (24 cm Durchmesser) mit Butter befetten und mit Mehl bestreuen. ⅔ der Kuchenmasse in die Form füllen, Oberfläche glatt verstreichen, mit Oblaten belegen, restliche Masse auf die Oblaten glatt verstreichen; Marillenspalten mit der Schnittfläche nach oben dicht in den Teig setzen.
Kuchen im vorgeheizten Rohr bei 170 °C etwa 1 Stunde backen.

Gelee laut Packungsanweisung zubereiten, Kuchen mit Gelee bestreichen und aus dem Reifen bzw. der Springform lösen und auskühlen lassen.

Zutaten für 1 Kuchen mit 12 Stück

5 Eier
180 g Kristallzucker
Schale von ½ Zitrone (unbehandelt), abgerieben
80 g Butter
1 TL Vanillezucker
Prise Salz
180 g Mehl (glatt)
½ TL Backpulver

etwa 800 g Marillen
1 Packung Tortengelee
2 Backoblaten

Pariserspitze

Zutaten für etwa 25 Stück

Mürbteig:
Drittel des Grundrezepts (S. 165)*
Mehl zum Ausarbeiten

Parisercreme:
300 g Schlagobers
300 g dunkle Kuvertüre
80 g Nussnougat

Glasur:
etwa 300 g dunkle Kuvertüre oder Fettglasur (im Konditorbedarf erhältlich)

* Hinweis: Für diese Törtchenmenge benötigt man nicht den ganzen Mürbteig; doch gelingt der Teig besser, wenn man eine größere Menge zubereitet. Der Rest ist, in Klarsichtfolie gewickelt, mehrere Wochen tiefgekühlt haltbar.

Mürbteig: Wie im Rezept (S. 165) beschrieben zubereiten und auf bemehlter Arbeitsfläche etwa 3 mm dünn ausrollen. Aus dem Teig Scheiben (3 cm Durchmesser) ausstechen, auf ein mit Backtrennpapier ausgelegtes Blech legen und im vorgeheizten Rohr bei 200 °C etwa 30 Minuten goldgelb backen; auskühlen lassen.

Parisercreme: Kuvertüre in kleine Stücke hacken. Schlagobers aufkochen, von der Hitze nehmen, Schokolade beifügen und verrühren, bis sie vollständig geschmolzen ist. Nussnougat dazugeben und die Masse mit dem Stabmixer etwa 1 Minute pürieren. Anschließend in ein flaches Gefäß gießen und anziehen lassen, dabei soll die Creme dickflüssig, aber nicht fest werden.

Schokoladecreme glatt rühren und mit einem Spritzsack (glatte Tülle, etwa 12 mm Durchmesser) spitzförmig auf die Mürbteigböden dressieren; etwa 45 Minuten kalt stellen.

Glasur: Kuvertüre oder Fettglasur, wie (S. 265) beschrieben, vorbereiten und die Pariserspitze mit der Spitze nach unten in die Glasur tauchen, auf einem Gitter abstocken lassen. In Papierkapseln anrichten.

Indianer mit Schlag

Zutaten für 12 Stück

Biskuit:
5 Eier
Prise Salz
30 g Staubzucker
½ TL Vanillezucker
100 g Stärkemehl
110 g Mehl (glatt)
90 g Kristallzucker

Glasur:
etwa 150 g passierte Marillenmarmelade
etwa 80 g Schokolade (mit mind. 60% Kakaoanteil)
150 g Fondant

etwa ½ l Schlagobers
Staubzucker nach Geschmack

Biskuit: Eier trennen. Dotter mit Salz, Staub- sowie Vanillezucker schaumig rühren. Stärkemehl mit Mehl versieben. Eiklar mit Kristallzucker zu Schnee schlagen. ⅓ vom Schnee mit der Dottermasse gut verrühren, restlichen Schnee und Mehlmischung unterheben.
Masse in Spritzsack mit glatter Tülle (Ø 10–12 mm) füllen und etwa 12 Krapfen (Ø 5 cm) auf ein mit Backtrennpapier ausgelegtes Blech dressieren. Krapfen im vorgeheizten Rohr bei 200 °C etwa 10 Minuten anbacken. Dabei einen Kochlöffelstiel in der Backrohrtür einklemmen, damit sie einen Spalt offen bleibt. Krapfen anschließend bei 180 °C etwa 10 Minuten fertigbacken.

Krapfen auskühlen lassen, vom Papier lösen und mit einem spitzen Messer etwas aushöhlen. Die Hälfte der Krapfen auf der Unterseite etwas begradigen, damit sie gut stehen (sie werden die Unterteile der Krapfen).

Glasur: Marmelade aufkochen und die Oberteile in die Marmelade tunken oder dünn damit bestreichen; Schokolade grob hacken, Fondant mit etwas Wasser über Dampf (soll dickflüssig sein und eine Temperatur von etwa 35–38 °C haben) schmelzen. **Hinweis:** Sollte Fondant zu dick sein, mit Wasser verdünnen. Die bestrichenen Oberteile in den Schokolade-Fondant tauchen, abtropfen lassen und auf ein Kuchengitter setzen. Glasur zum Trocknen für etwa 30 Sekunden in das auf 60 °C vorgeheizte Rohr schieben.

Füllung: Vor dem Servieren Schlagobers mit Zucker steif schlagen, in einen Spritzsack mit gezackter Tülle füllen. Indianer-Unterteile in Papierkapseln setzen, mit Obers füllen und die glasierten Oberteile daraufsetzen.

In einigen Kochbüchern heißt dieses süße Backwerk Mohrenköpfe. Eigentlich müsste man sie Inderkrapfen nennen: Ein unbekannter Zuckerbäcker widmete sie um 1820 einem indischen Zauberkünstler, der in Wien am Theater an der Wien große Triumphe feierte. Die Schokoladeglasur sollte an die dunkle Haut des Künstlers und das Schlagobers an dessen blendend weiße Zähne erinnern. Der Zauberkünstler geriet in Vergessenheit, den Zuckerbäcker kannte man nie: Der Indianerkrapfen, „Indianer mit Schlag“, wurde eine beliebte Mehlspeise.

Kekse und Teegebäck

Weihnachten war noch zur Zeit Maria Theresias ein volkstümliches Fest, als noch der Glaube weiterlebte, dass man mit Lärm und gutem Essen die Dämonen der Raunächte, die zwischen Weihnachten und Dreikönig als wilde Jagd durch die Dunkelheit fegten, vertreiben könnte. Um sie zu beschwichtigen, legte man Honigbackwerk aufs Fensterbrett, und jene Hausfrau, die die besten Mehlspeisen machte, hatte natürlich die größten Chancen, die bösen Geister der Winternacht friedlich zu stimmen. Tatsächlich wurden die ins Fenster gestellten Bäckereien jedoch von Kindern oder Hausierern vernascht. Meist handelte es sich dabei nicht um komplizierte Weihnachtsbäckereien, sondern um einfache Formen des Lebkuchens.

Sie waren entweder mit Bienenhonig oder gar nicht gesüßt. Wenn man alte Kochbücher durchblättert, findet man zahllose Mehlspeisen, die ganz und gar ohne Zucker auskommen. Nicht zuletzt ist die uralte Lebkuchenkultur Teil der Honiggeschichte. Auch die Tradition der Weihnachtsbäckerei hat sich nicht aus der Zuckerbäckerei, sondern aus dem Handwerk der Wachszieher und Lebzelter entwickelt.

Wirklich raffinierte Mehlspeisen ließen sich mit Zutaten wie Mehl, Nüssen und Honig allerdings selten zaubern. Erst in der Biedermeierzeit füllten sich die Kochbücher allmählich mit Köstlichkeiten wie Vanillekipferln, Witwenküssen, Linzeraugen, Nussbusserln, Florentinern, Mandelkissen ... Das verdanken wir dem preußischen Chemiker Sigismund Marggraf, der 1747 eine Entdeckung machte, die Mehlspeisgeschichte schreiben sollte und uns Zuckergoscherln autark machte. Er fand heraus, dass man Zucker auch aus der gewöhnlichen Runkelrübe gewinnen kann und dass Zucker nicht wie bis dahin nur aus Zuckerrohr hergestellt werden muss.

Der universelle Teig für Kekse ist der Mürbteig. Man kann ihn unterschiedlich formen, würzen, mit Marmeladen oder Cremen füllen, glasieren oder auch einfach nur mit Zucker bestreuen.

Für alles Backwerk gilt: Genau gewogen ist halb gelungen!

- Mürbteig gelingt perfekt, wenn man Zucker und Mehl fein siebt – der Teig wird besonders fein und homogen.
- Butter kühl, aber nicht zu kalt verwenden (dafür sollten aber Hände und Arbeitsfläche kalt sein).

- Die kühle Butter klein schneiden oder mit einer Küchenreibe grob raspeln, mit Mehl fein zerbröseln und mit den restlichen Zutaten rasch zu einem Teig kneten.
- Eier oder Dotter verquirlen, bevor man sie unter den Teig mengt. Der Teig wird besonders glatt.
- Teig nur kurz kneten, denn die enthaltene Butter darf nicht schmelzen – der Teig würde „brandig" (bröckelig) werden, ließe sich nicht formen. Oder den Teig mit den Knethaken der Küchenmaschine verarbeiten: Zutaten möglichst rasch hintereinander in kühle Arbeitsschüsseln geben. Kleinste Schaltstufe wählen, nur kurz rühren, damit der Teig nicht zu warm wird.
- Teig in Frischhaltefolie wickeln und kühl rasten lassen, damit die enthaltene Butter wieder fest wird.
- Sollte der Teig bröckelig sein oder beim Ausrollen brechen, kann man ihn meist durch Einkneten von Eiklar retten!

Backtrennpapier ist eine segensreiche Erfindung: Besonders empfindliche Teige lassen sich zwischen zwei Bögen problemlos gleichmäßig auswalken.

Grundrezept Mürbteig

Zutaten für 1 Backblech

300 g Mehl (glatt)
200 g Butter, in kleine Würfel geschnitten
100 g Staubzucker
1 MS Backpulver
1 Dotter
1 TL Vanillezucker
Prise Salz
Schale von ½ Zitrone (unbehandelt), abgerieben
Mehl zum Ausarbeiten

Mehl mit Butter und Backpulver zwischen den Handflächen kurz zerbröseln. Dotter mit Vanille- und Staubzucker, Salz sowie Zitronenschale verrühren und mit dem Abgebröselten rasch zu einem Mürbteig verkneten; mindestens 30 Minuten kalt stellen; anschließend auf bemehlter Arbeitsfläche oder zwischen Backtrennpapier 3 mm dick auf Backblechgröße ausrollen. Auf ein mit Backtrennpapier ausgelegtes Blech geben, mit einer Gabel mehrmals stupfen (= einstechen, damit der Mürbteig sich nicht aufbläht und unregelmäßig aufgeht). Im vorgeheizten Rohr bei 180 °C etwa 10 Minuten goldgelb backen.

Vanillekipferln

Zutaten für 30 Stück

300 g Mehl (glatt)
100 g Staubzucker
1 Dotter
1 TL Vanillezucker
250 g Butter
180 g Walnüsse, gerieben
Prise Salz
1 MS Zimt (gemahlen)

Mehl zum Ausarbeiten

Vanillezucker mit Staubzucker vermischt zum Wenden

Mehl sieben, Dotter mit Vanillezucker, Salz und Zimt verrühren. Butter kleinwürfelig schneiden und mit Mehl grob verkneten. (Es können noch Butterstücke bleiben.) Staubzucker, Walnüsse, Dottergemisch dazugeben und zu einem glatten Teig verkneten. Teig in Frischhaltefolie gewickelt etwa 30 Minuten kalt stellen.

Teig auf leicht bemehlter Arbeitsfläche durchkneten und in vier gleich große Portionen teilen. Jede Teigportion zu fingerdicken Rollen formen und diese in kleine Scheiben schneiden. Scheiben zu Kipferln formen. Kipferln auf ein mit Backtrennpapier ausgelegtes Blech legen und im vorgeheizten Rohr bei 180 °C etwa 12 Minuten backen. Kipferln kurz überkühlen lassen und in mit Vanillezucker vermengtem Staubzucker wenden.

Hinweis: Die gebackenen Vanillekipferln sofort mit Vanille-Staubzucker besieben, auskühlen lassen, dann nochmals besieben. Man erspart sich das Wenden im Vanille-Staubzucker und die Kipferln brechen nicht so leicht.

Tipp: Vanillezucker selbst gemacht: 3 Vanilleschoten, 500 g Staubzucker (gesiebt).
Vanilleschoten der Länge nach aufschneiden und mit dem Staubzucker in ein luftdicht verschlossenes Gefäß geben und einige Tage stehen lassen.

Florentiner

Zutaten für 40 Stück

150 g Schlagobers
150 g Kristallzucker
1 TL Vanillezucker
100 g Honig
Schale von ¼ Orange (unbehandelt), abgerieben
180 g gehobelte Mandeln
etwa 150 g Kuvertüre

Schlagobers mit Kristall- und Vanillezucker, Honig, Orangenschale aufkochen und bei geringer Hitze 1 Minute (auf etwa 110 °C) kochen lassen. Mandeln einrühren, nochmals aufkochen und von der Hitze nehmen. Masse auf ein mit Backtrennpapier ausgelegtes Blech gießen und mit einer Palette verstreichen. Ein weiteres Backtrennpapier auf die Florentinermasse legen und mit einem Nudelholz etwa 3 mm dick ausrollen. Oberes Backtrennpapier abziehen und die Mandelmasse im vorgeheizten Rohr bei 140 °C goldbraun backen. Etwa 5 Minuten abkühlen lassen und mit einem Messer in Quadrate (3 cm x 3 cm) schneiden; mithilfe des Backtrennpapiers umdrehen und dieses dann behutsam abziehen; Florentiner vollständig auskühlen lassen.

Kuvertüre wie im Rezept (S. 265) beschrieben vorbereiten. Florentiner mit der Tunkmasse bestreichen und die Schokolade fest werden lassen. Anschließend die Kanten der Florentiner eventuell nachschneiden und voneinander trennen.

Linzerkipferln

Zutaten für Teebäckerei

350 g Mehl (glatt)
250 g weiche Butter
90 g Staubzucker
1 TL Vanillezucker
Schale von ¼ Zitrone (unbehandelt), abgerieben
1 Ei
260 g Marillenmarmelade
100 g dunkle Kuvertüre*

* Tipp: Fertige Schokoladeglasur verwenden.

Mehl versieben. Butter mit Staub- und Vanillezucker, Zitronenschale cremig rühren. Ei unterrühren. Zuletzt das Mehl mit einem Kochlöffel einrühren.

Masse in einen Spritzsack mit gezackter Tülle (Nr. 7) füllen und in Form von Bögen bzw. Kipferln (etwa 3–4 cm Durchmesser) auf ein mit Backtrennpapier ausgelegtes Blech dressieren; im vorgeheizten Rohr bei 180 °C etwa 10–15 Minuten goldgelb backen; aus dem Rohr nehmen und vollständig auskühlen lassen. Marmelade in ein Stanitzel oder kleinen Einwegspritzsack füllen, Spitze abschneiden. Die halbe Menge der Kipferln umdrehen, Marillenmarmelade daraufdressieren und diese mit den restlichen Kipferln zusammensetzen. Kuvertüre über Dampf schmelzen und temperieren. Die Enden der Kipferln in die Schokolade tauchen; Schokolade fest werden lassen.

Nusstaler

Nussmürbteig: Ei mit Vanillezucker, Zimt sowie Salz gut verrühren. Restliche Zutaten auf die Arbeitsfläche häufen oder in die Küchenmaschine geben und mit dem vermischten Ei zu einem glatten Nussmürbteig verkneten. Teig zu einem flachen Ziegel formen und in Folie gewickelt etwa 30–60 Minuten kalt stellen.

Füllung: 150 ml Wasser mit Kristallzucker, Honig, Vanillezucker aufkochen, Walnüsse einrühren, von der Hitze nehmen und Rum beifügen. Mit einem Stabmixer pürieren.

Nussmürbteig auf bemehlter Arbeitsfläche etwa 3 mm dünn ausrollen, mit einem Rosettenausstecher Plätzchen (etwa 4 cm Durchmesser) ausstechen, auf ein mit Mehl bestaubtes Blech legen und im vorgeheizten Rohr bei 180 °C etwa 10–12 Minuten goldgelb backen. Auskühlen lassen. Jeweils zwei Taler mit Nussfüllung zusammensetzen, anschließend eine Seite mit heißer Marillenmarmelade bestreichen.

Schokoladefondant: Alle Zutaten in einem Topf auf 35–38 °C erwärmen. Nusstaler mit der Marmeladeseite in Schokoladefondant tauchen, sofort mit jeweils einer Walnusshälfte belegen und im vorgeheizten Rohr bei 60 °C ½ Minute kurz abtrocknen (Dadurch bleibt der Glanz der Schokolade erhalten).

Tipp: Falls die Glasur zu fest ist, kann man sie durch Zugabe von Wasser oder Rum verdünnen. Ist sie zu weich, gibt man etwas Schokolade (gehackt) dazu.

Zutaten für etwa 70 Stück

Nussmürbteig:
1 Ei
1 TL Vanillezucker
1 MS Zimt (gemahlen)
Prise Salz
500 g Mehl (glatt)
150 g Walnüsse, gerieben
300 g zimmerwarme Butter
150 g Staubzucker

Füllung:
150 g Kristallzucker
150 g Honig
1 TL Vanillezucker
450 g Walnüsse, gerieben
30 ml Rum

Mehl zum Ausarbeiten

Marillenmarmelade zum Bestreichen

Schokoladefondant:
100 g Fondant
30 g Schokolade, gehackt
etwas Rum
Wasser

Karamellplätzchen

Zutaten für 120 Stück

200 g Kristallzucker
100 g Schlagobers
85 g Butter
100 g Honig
200 g Mandeln

Kristallzucker mit Obers, Butter und Honig aufkochen, Mandeln einrühren und die Masse etwa 5 mm dick auf Backtrennpapier streichen, mit zweitem Backtrennpapier belegen und mit dem Nudelwalker nachrollen. So wird die Masse schön gleichmäßig.

Auskühlen lassen und in Quadrate (3 cm x 3 cm) schneiden. Die Quadrate in 5-cm-Ausnehmungen einer Silikonmatte einlegen und im vorgeheizten Rohr bei 145 °C etwa 18–20 Minuten goldbraun (nicht zu dunkel!) backen.
Tipp: Wenn man keine Silikonform zum Auslegen besitzt, macht man die Masse wie Florentiner fertig (siehe S. 168). Plätzchen noch warm in eine Rehrückenform legen (so bekommen sie einen „Schwung") und vollständig auskühlen lassen.

Schokoladekrapferln

Zutaten für etwa
70–80 Stück

Krapferln:
250 g zimmerwarme Butter
140 g Staubzucker
2 Eier
1 TL Vanillezucker
Prise Salz
190 g Mehl, mit 50 g Kakao versiebt

Füllung (Parisercreme):
300 ml Schlagobers
350 g Tunkmasse, gehackt

Füllung: Obers aufkochen, Schokolade beifügen und mixen. In ein flaches Geschirr geben und kalt stellen. Die Masse soll nicht ganz fest werden, sie soll noch dressier-fähig und geschmeidig sein.

Krapferln: Zimmerwarme Butter mit Staubzucker gut schaumig rühren. Eier mit Vanillezucker und Salz verrühren und nach und nach unter die Buttermasse rühren. Zum Schluss Kakao-Mehl vorsichtig unterziehen.

Masse in einen Spritzsack mit Lochtülle (8–10 mm Durchmesser) füllen und Krapferln auf ein mit Backtrennpapier ausgelegtes Backblech dressieren. Im vorgeheizten Rohr bei 180 °C etwa 10 Minuten backen. Vollständig auskühlen lassen.

Parisercreme-Füllung in einen Spritzsack mit gezackter Tülle füllen und auf die Hälfte der Krapferln dressieren. Restliche Krapferln daraufsetzen.

Tipp: Eventuell mit weißer Schokolade und Pistazien dekorieren.

Dinkel-Mandelkekse

Zutaten für etwa 70 Stück

- 100 g Mandeln
- 2 Eier
- 1 MS Zimt (gemahlen)
- Prise Salz
- 250 g Butter
- 500 g Dinkelvollkornmehl
- 150 g Vollrohrzucker

Mandeln grob reiben und im vorgeheizten Rohr bei 180 °C etwa 7–8 Minuten rösten; dabei immer wieder durchmengen, damit die Mandeln gleichmäßig geröstet werden. Vollständig auskühlen lassen.

Eier mit Zimt sowie Salz verrühren und mit restlichen Zutaten zu einem glatten Teig verkneten. Teig zwischen zwei Lagen Backtrennpapier 2–3 mm dünn ausrollen. Oberes Papier abziehen, ausgerollten Teig etwa 30 Minuten kühl stellen.

Anschließend aus dem Teig Quadrate (3 cm x 3 cm) ausschneiden. Mithilfe einer Palette die Kekse etwas auseinanderlegen, Papier samt Keksen auf ein Blech geben und im vorgeheizten Rohr bei 180 °C etwa 8–10 Minuten backen.

Backprobe: Wenn die Kekse an der Unterseite leicht gebräunt sind, sind sie fertig gebacken.

Tipp: Anstelle von Mandeln kann man auch Haselnüsse verwenden.

Torten

Torten sind die Stars unter den Mehlspeisen. Werden sie aufgetragen, vermeint man Tusch und Trommelwirbel zu hören.

Unsere Vorstellung von einer klassischen Torte, die im 19. Jahrhundert gefestigt wurde, hat das Barock geprägt; ein üppiges, schaumgefülltes Gebilde aus Eiern, Zucker, Butter, Schnee und wenig Mehl – ein Luxusprodukt, vitaminarm und kalorienreich.

Was als Torte zu bezeichnen ist, hat im Laufe der Jahrhunderte vor allem in geschmacklicher Hinsicht eine gewisse Wandlung erfahren. Das Wort Torte fehlt in mittelalterlichen Wörterbüchern; es taucht erstmals 1418 auf und leitet sich vermutlich aus dem italienischen „Torta" (= rundes Brot) bzw. aus dem mittellateinischen „Tortum" (= gewundenes Brot) ab. Im Französischen bedeutet „Tourte" so viel wie Fleischtorte oder Ölkuchen, was auch der ursprünglichen Ausführung einer Torte näherkommt als unsere heutige Torte. In den mittelalterlichen Küchen und in der Renaissance wurde der Tortenboden mit Fleisch und während der Fastenzeit mit Fisch belegt. Alte Kochbücher sind voll mit derartigen pastetenähnlichen Torten. Die Fülle wurde in den Teig eingeschlossen, gebacken wurde sie dann in einer besonderen Pfanne oder in einem Model.

In der einschlägigen Kochliteratur des 18. Jahrhunderts finden sich erstmals auch Rezepte für süße Torten, meist mit kunstvoll aufgebauten Dekorationen. Für ihre Herstellung verwendete man einfache Tortenreifen aus Blech, die sich in der Weite beliebig verstellen ließen. Ein Küchenutensil, dessen Anschaffung sich auch heute noch lohnt, wenn man öfter Torten bäckt.

Im 19. Jahrhundert entwickelte sich eine schier endlose Tortenvielfalt. Da gab es neben den traditionellen Torten, die nach der dominierenden Zutat oder der Herstellungsart benannt wurden, plötzlich Torten, die den Namen ihres Erfinders trugen, wie etwa Dobos-, Demel-, Kofranek-, Pischingertorte. Manche dieser Köstlichkeiten wurden auch nach ihrem Ursprungsland oder –ort benannt, wie etwa Linzer-, Holländer-, Mailänder-, Traunkirchner-, Gmundnertorte, und manchmal waren auch Persönlichkeiten des öffentlichen Lebens die Namensgeber, wie Esterházy-, Malakoff-, Andrassy-, Habsburger-, Napoleon-, Kneipptorte. Darüber hinaus gibt es auch unzählige Hochzeits-, Tauf- und andere Festtagstorten.

Es ist wirklich nicht schwer, ein(e) exquisite(r) Tortenbäcker(in) zu werden. Alles was man braucht, ist etwas Geduld, die entsprechende Vorsicht und ein paar gute Zutaten, dann kann eigentlich nichts schiefgehen. Der Fantasie sind bei der Herstellung von Torten nach wie vor keinerlei Grenzen gesetzt.

Der Name Torte soll nicht daran hindern, mit der Form zu experimentieren – sie muss nicht immer rund sein! Der gleiche Teig, der in der Springform zur gewohnten Tortenform erstarrt, lässt sich auch in Kastenform backen und ergibt Schnitten, die genauso gefüllt und glasiert werden können. Wer will, kann aus der Kastenform auch viereckige Torteletts schneiden. Für Anfänger in der hohen Kunst des Tortenbackens ist das oft ein Rettungsanker.

Grundlage ist meist eine schaumige Biskuitmasse, mal pur, mal mit Nüssen oder Schokolade zubereitet. Nicht zu schwere Sandmassen und vor allem auch knusprige Baiserböden lohnen sich ebenfalls zum Belegen. Welcher Teig, welche Füllung, ist Geschmackssache.

Soll die Torte glasiert werden, empfiehlt es sich, sie vorher mit einer Schicht heißer Marmelade zu überziehen. Dadurch wird die Oberfläche glatt und die Glasur wird nicht vom Kuchen aufgesaugt. Und erst die Dekoration macht die Torte zum Meisterwerk! Deswegen bespritzt man das Backwerk kunstvoll mit Obersrosetten, Cremen, garniert es mit selbst gemachten Schokoladespänen, frischen Beeren oder Marzipanobst, mit kandierten Früchten, Krokant oder Moccabohnen, man könnte diese Liste endlos weiterführen. **Wichtig:** nach Lust und Laune garnieren, dann wird es ein kulinarisches Kunstwerk!

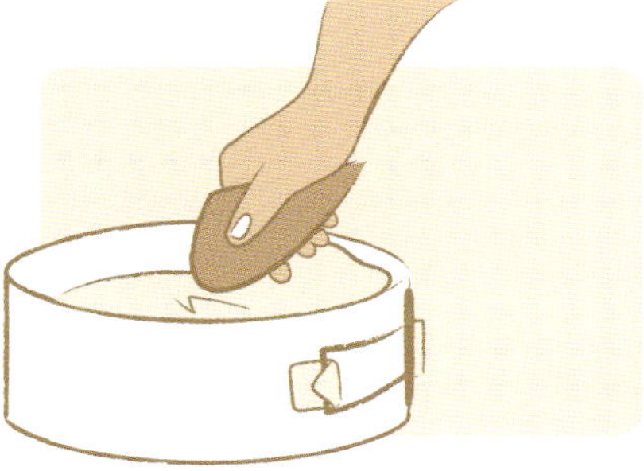

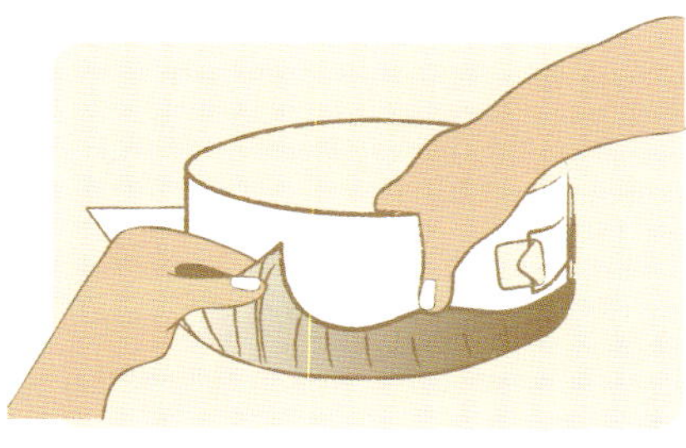

Grundrezept Biskuitboden

Zutaten für 1 Torte mit 12 Stück

80 g Mehl (glatt)
80 g Stärkemehl
5 Eier
120 g Kristallzucker
5 g Vanillezucker
Prise Salz
Schale von ¼ Zitrone (unbehandelt), abgerieben
70 g heiße Butter
evtl. Butter und Mehl für die Form

Mehl oder Kristallzucker zum Bestreuen

Biskuitboden: Mehl mit Stärkemehl versieben. Eier mit Kristall- und Vanillezucker, Salz sowie Zitronenschale gut schaumig rühren. Mehlmischung behutsam unterheben. Heiße Butter vorsichtig untermengen.

Einen Tortenreifen (24 cm Durchmesser) mit Papier eindrehen (siehe Illustration S. 180) bzw. eine Springform (24 cm Durchmesser) mit Butter bestreichen und mit Mehl bestreuen.
Masse einfüllen, zum Rand hochziehen (siehe Illustration S. 180) und im vorgeheizten Rohr bei 180 °C etwa 30 Minuten backen.

Torte sofort nach dem Backen mit Mehl oder Kristallzucker bestreuen, mit Backtrennpapier abdecken, umdrehen und vollständig auskühlen lassen. Anschließend Papier abziehen und die Torte laut Rezept weiterverarbeiten.

Erdbeer-Obers-Torte

Zutaten für 1 Torte
mit 12 Stück

Biskuitboden:
Halbe Menge des
Grundrezeptes (S. 181)

Erdbeerobers:
etwa 5 Blätter Gelatine
250 g Erdbeeren
150 g Staubzucker
100 g Zitronensaft
400 g Schlagobers

Dekoration:
3 Eiklar
120 g Kristallzucker
12 kleine Erdbeeren,
gewaschen und geputzt

Biskuitboden: Wie im Rezept (S. 181) beschrieben zubereiten. Anschließend Papier abziehen und die Torte mit einem Sägemesser einmal horizontal durchschneiden.

Erdbeerobers: Gelatine in kaltem Wasser einweichen. Erdbeeren waschen, putzen und gut abtropfen lassen; pürieren und durch ein Sieb streichen. Erdbeerpüree mit Staubzucker sowie Zitronensaft glatt rühren. Gelatine gut ausdrücken und über Dampf auflösen. Etwas Erdbeermark mit aufgelöster Gelatine gut verrühren, anschließend mit restlichem Erdbeermark gut vermengen; Schlagobers nicht ganz fest schlagen, 1/3 davon mit dem Erdbeermark gut verrühren, restliches Schlagobers behutsam unterrühren.

Einen Biskuitboden in einen Tortenreifen oder Tortenring legen. Die halbe Menge Erdbeerobers daraufgeben und glatt verstreichen; zweiten Biskuitboden daraufsetzen, behutsam andrücken, mit restlicher Creme bestreichen. Torte mit Frischhaltefolie zugedeckt mindestens 2 Stunden kalt stellen.

Dekoration: Eiklar mit Kristallzucker über Dampf (40 °C) schaumig aufschlagen, von der Hitze nehmen und kalt schlagen. Mit etwa 2/3 der Schneemenge die Torte gleichmäßig einstreichen. Restliche Schneemasse in einen Spritzsack mit gezackter Tülle füllen und Rosetten auf die Torte dressieren. Torte mit Lötlampe oder Bunsenbrenner vorsichtig flämmen, mit Erdbeeren dekorieren.

Hinweis: Die dekorativen Tupfen auf unserem Foto verraten den Meisterkonditor und sind mit normaler Haushaltsausstattung nur schwer zu verwirklichen.

Malakofftorte

Zutaten für 1 Torte
mit 12 Stück

Tortenboden:
Halbe Menge des Biskuitboden-Grundrezepts (S. 181)

Biskotten:
5 Eier
130 g Kristallzucker
1 TL Vanillezucker
Prise Salz
160 g Mehl (glatt)
Staubzucker zum Bestreuen

Creme:
4 Blätter Gelatine
1/16 l Milch
Prise Salz
1/16 l starker Kaffee oder Löskaffee
1 Dotter
50 g Kristallzucker
350 g Schlagobers

Rum-Tränke:
50 ml Rum (38%)
50 g Staubzucker

Dekoration:
400 g Schlagobers
etwas Staubzucker
60 g Schokolade
Pistazien, gehackt

Tortenboden: Biskuitteig wie beschrieben (S. 181) zubereiten. Aus dem Teig eine Scheibe (24 cm Durchmesser) schneiden.

Biskotten: Eier trennen. Dotter mit 2 EL Kristallzucker, Vanillezucker und Salz schaumig rühren. Eiklar mit restlichem Zucker zu Schnee schlagen. 1/3 vom Schnee unter die Dottermasse rühren. Restlichen Schnee mit Mehl unterheben. Masse in einen Spritzsack mit glatter Tülle (8–10 mm Durchmesser) füllen und in Form von etwa 5 cm langen Biskotten auf ein mit Backtrennpapier ausgelegtes Blech dressieren. Biskotten mit Staubzucker bestreuen und im vorgeheizten Rohr bei 205 °C etwa 8–10 Minuten backen, bis sie leicht Farbe genommen haben und sich vom Papier lösen, dann aus dem Rohr nehmen und auskühlen lassen.

Creme: Gelatine in kaltem Wasser einweichen. Milch mit Salz sowie Kaffee aufkochen. Dotter mit Zucker schaumig schlagen. Milchkaffee unter ständigem Rühren in die Dottermasse gießen und bei geringer Hitze zu cremiger Konsistenz verrühren. Gelatine gut ausdrücken und in der warmen Kaffeecreme auflösen. Creme durch ein Sieb streichen und kalt stellen, bis sie leicht zu gelieren beginnt. Schlagobers cremig aufschlagen; 1/3 davon mit der Creme verrühren. Restliches Schlagobers behutsam unterziehen.

Tränke: 50 ml Wasser mit Zucker aufkochen und kalt stellen, Rum beifügen und verrühren.

Einen Biskuitboden in eine Tortenform (24 cm Durchmesser) legen und mit etwa 1/3 der Creme bestreichen, mit Biskotten (gewölbte Seite nach unten) belegen, diese mit Rummischung bestreichen, nochmals wiederholen (12 Biskotten für die Dekoration beiseite geben), mit Rummischung bestreichen und mit Creme abschließen.

Wichtig: Zügig arbeiten, da die Creme rasch stockt. Torte mit Frischhaltefolie zugedeckt mindestens 2–3 Stunden (am besten 1 Tag) kalt stellen.

Dekoration: Schokolade über Dampf schmelzen. Übrige Biskotten schräg in die Schokolade tunken, auf Backtrennpapier legen und im Kühlschrank fest werden lassen. Schlagobers mit wenig Zucker (nicht zu süß) steif schlagen. Torte mit einem Messer vom Rand des Tortenreifens lösen und diesen abheben. Torte mit der halben Menge Schlagobers gleichmäßig einstreichen. Restliches Obers in einen Spritzsack mit gezackter Tülle füllen und Rosetten auf die Torte dressieren. Mit Schokoladebiskotten belegen und anrichten.

Die Malakofftorte zählt zu den Klassikern der österreichischen Torten. Ihren Ursprung hat sie in Russland. Der französische Marschall Jean J. Pélissier (1794–1864) erstürmte während des Krimkrieges die russische Bastion „Malachov" bei Sewastopol auf der Krim. Für diesen spektakulären Erfolg wurde er mit dem Herzogtitel geadelt. Und da man auch in Militärkreisen für süße „Sünden" etwas übrig hatte, wurde aus diesem Anlass eine Torte kreiert, deren Besonderheit es war, dass sie nicht gebacken werden musste.

Mohntorte

Zutaten für 1 Torte
mit 12 Stück

6 Eier
150 g zimmerwarme Butter
45 g Staubzucker
1 TL Vanillezucker
Prise Salz
1 MS Zimt (gemahlen)
130 g Kristallzucker
220 g Mohn, gemahlen*
120 g Haselnüsse, gerieben

evtl. Butter und Mehl
für die Form
Kristallzucker zum
Bestreuen

100 g Ribiselmarmelade

* Je feiner der Mohn, umso geschmackvoller ist die Torte. Der Mohn sollte frisch gemahlen sein, da gemahlener Mohn rasch ranzig wird. Gemahlenen Mohn am besten gut verschlossen tiefkühlen.

Eier trennen. Butter mit Staub- und Vanillezucker, Salz, Zimt schaumig rühren. Dotter nach und nach unterrühren. Eiklar mit Kristallzucker zu steifem Schnee schlagen; vom Schnee mit der Dottermasse gut verrühren, restlichen Schnee mit Mohn und Haselnüssen unterheben. Einen Tortenreifen mit Papier oder Alufolie eindrehen (siehe Illustration S. 180) bzw. eine Springform (24 cm Durchmesser) mit Butter befetten und bemehlen. Masse einfüllen, zum Rand hochstreichen und im vorgeheizten Rohr bei 180 °C etwa 50 Minuten backen. Torte mit Kristallzucker bestreuen, auf Tortenpapier stürzen und auskühlen lassen. Anschließend die Torte mithilfe eines Messers aus der Form lösen und mit der schönen Seite nach oben auf einen Tortenteller stellen.

Ribiselmarmelade aufkochen. Fondant mit etwas Wasser verrühren und über Dampf erwärmen (35–38 °C). Torte zuerst mit Marmelade, dann mit Fondant bestreichen. Mit gehackten Pistazien bestreuen.

Variation: Torte mit Weißmohn zubereiten.

Tipp: Man kann die Torte auch nach dem Aprikotieren mit Rumglasur (siehe Rezept S. 204) einstreichen.

Herrentorte mit Punsch

Zutaten für 1 Torte
mit 12 Stück

Nussboden:
5 Eier
200 g Mehl (glatt)
80 g braune Mandeln
oder Haselnüsse, gerieben
1 MS Zimt
230 g Kristallzucker
1 TL Vanillezucker
Prise Salz

evtl. Butter und Mehl
für die Form

Zum Tränken:
80 ml Ananassaft
60 g Kristallzucker
1 Schuss Rum
⅛ l Weißwein

Kristallzucker

¼ l Schlagobers
Staubzucker

Eier trennen. Mehl versieben und mit Mandeln sowie Zimt vermengen. Dotter mit 2 EL vom Kristallzucker, Vanillezucker sowie Salz schaumig rühren. Eiklar mit restlichem Kristallzucker zu Schnee schlagen. ⅓ vom Schnee gut unter die Dottermasse rühren. Restlichen Schnee mit Mandel-Mehl behutsam unterheben.

Einen Tortenreifen mit Papier oder Alufolie eindrehen (siehe Illustration S. 180) bzw. eine Springform (24 cm Durchmesser) mit Butter befetten und bemehlen. Masse einfüllen, zum Rand hochstreichen und im vorgeheizten Rohr bei 180 °C etwa 35–40 Minuten backen. Torte mit Kristallzucker bestreuen, stürzen und auskühlen lassen. Anschließend die Torte mithilfe eines Messers aus der Form lösen und mit der schönen Seite nach oben auf einen Tortenteller stellen. Tortenreifen waschen, gut abtrocknen und wieder um die Torte stellen.

Zum Tränken: Ananassaft mit Zucker und 2 EL Wasser aufkochen, von der Hitze nehmen und kalt stellen. Rum und Weißwein einrühren. Tortenboden damit bestreichen, bis sämtliche Flüssigkeit von der Torte aufgesaugt ist. Schlagobers mit wenig Zucker steif schlagen. Tortenreifen entfernen.

Schlagobers in einen Spritzsack mit gezackter Tülle füllen und die Torte damit dekorieren.

Grillagetorte

Zutaten für 1 Torte
mit 12 Stück

Grillagebrösel:
60 g Haselnüsse (geschält)*
60 g Kristallzucker

Grillagemasse:
100 g Mehl (glatt)
60 g Walnüsse, gerieben
6 Eier
140 g Kristallzucker
Prise Salz
1 MS Zimt (gemahlen)
1 TL Vanillezucker
30 g Öl
evtl. Butter und Mehl
für die Form

Füllung:
Halbe Menge der
Buttercreme (Rezept S. 264)
4 cl (2–3 EL) Weinbrand

Glasur:
etwa 300 g
dunkle Kuvertüre

evtl. Schokoladetaler zum
Dekorieren

*Tipp: Haselnüsse rösten: Haselnüsse auf ein Backblech bei 180 °C ins vorgeheizte Rohr schieben und so lange rösten, bis die Haut aufspringt. Etwas abkühlen lassen. Nüsse in ein sauberes Küchentuch einschlagen und so lange reiben, bis sich die Haut löst.

Grillagebrösel: Geschälte Haselnüsse grob hacken. Pfanne leicht erwärmen, Zucker darin zu hellem Karamell schmelzen; von der Hitze nehmen, Haselnüsse untermengen und das Karamell auf leicht geöltes Blech (oder auf Backtrennpapier) geben; auskühlen lassen. Am besten mit Fleischklopfer zerkleinern und mit Nussreibe grob reiben.

Grillagemasse: Mehl, geriebene Nüsse und Grillagebrösel vermengen. Eier trennen. Dotter mit 1/3 Kristallzucker, Salz, Zimt, 1 EL Wasser sowie Vanillezucker schaumig rühren. Eiklar mit restlichem Zucker zu Schnee schlagen. 1/3 vom Schnee mit dem Dotterabtrieb verrühren. Restlichen Schnee und Mehl-Nuss-Mischung unterheben. Öl einrühren.

Tortenreifen mit Papier eindrehen (Illustration S. 180) bzw. eine Springform (24 cm Durchmesser) befetten und bemehlen. Masse einfüllen, im vorgeheizten Rohr bei 180 °C etwa 45 Minuten backen – in der Form auskühlen lassen.

Füllung: Rezept wie beschrieben (S. 26) zubereiten und mit Weinbrand glatt rühren.

Torte aus der Form lösen, mit einem Sägemesser zweimal horizontal durchschneiden. Einen Nussboden in Tortenreifen bzw. Springform geben; 1/3 der Creme auf dem Tortenboden verstreichen, zweiten Boden darauflegen und leicht andrücken; wieder mit 1/3 der Creme bestreichen, letzten Boden daraufsetzen und leicht andrücken. Torte mit einem nicht zu schweren Gegenstand kurz pressen. Torte etwa 1 Stunde kühl stellen. Anschließend Torte mit einem Messer vom Rand des Tortenreifens lösen und diesen abheben. Torte mit restlicher Creme einstreichen und etwa 30 Minuten im Kühlschrank fest werden lassen.

Glasur: Kuvertüre wie beschrieben (S. 265) temperieren. Damit die Torte überziehen und die Glasur anziehen lassen.** Torte eventuell mit Schokoladetalern dekoriert anrichten.

** Man kann die Torte auch mit folgender Glasur machen: 120 g Butter zerlassen (soll aber nicht heiß werden). 130 g dunkle Kuvertüre über Dampf schmelzen und mit der Butter verrühren; etwas überkühlen lassen und die Torte damit vollständig überziehen.

Punschtorte

Zutaten für 1 Torte
mit 12 Stück

Biskuit:
100 g Mehl (glatt)
60 g Stärkemehl
6 Eier
180 g Kristallzucker
Schale von ½ Zitrone (unbehandelt), abgerieben
Prise Salz
75 g Butter oder Butterschmalz
evtl. Butter und Mehl für die Formen

Punsch:
4 cl (2–3 EL) Rum
80 ml Wasser
90 g Kristallzucker
Schale von ½ Orange (unbehandelt), abgerieben
Saft von 1 Orange
2 EL Marillenmarmelade

etwa 250 g Marillenmarmelade
150 g Fondant
1 Schuss Cherry Brandy oder rote Lebensmittelfarbe
60 g gehobelte, geröstete Mandeln

Biskuitböden für die Torte schon am Vortag backen: Mehl mit Stärkemehl versieben. Eier trennen. Dotter mit 2 EL vom Kristallzucker, Zitronenschale und Salz schaumig rühren. Eiklar mit restlichem Zucker zu Schnee schlagen. ⅓ vom Schnee unter den Dotterabtrieb rühren, restlichen Schnee und Mehl behutsam unterheben. Butter schmelzen und noch heiß unterrühren.

Zwei Tortenreifen mit Papier oder Alufolie eindrehen (siehe Illustration S. 180) oder zwei Springformen (24 cm Durchmesser) mit Butter befetten und bemehlen. Jeweils die ½ Menge der Biskuitmasse in die vorbereiteten Formen füllen und im vorgeheizten Rohr bei 180 °C etwa 30 Minuten backen; auskühlen lassen.

Eine Biskuithälfte in etwa 1½ cm große Würfel schneiden, mit Rum beträufeln und ziehen lassen. Wasser mit Zucker, Orangenschale sowie -saft aufkochen und Marillenmarmelade einrühren. Biskuitwürfel untermengen und mit der Flüssigkeit gut verrühren. **Hinweis:** Die Biskuitwürfel sollen sich vollsaugen, aber ganz bleiben.

Den zweiten Biskuitboden mit einem Sägemesser horizontal durchschneiden, beide Schnittflächen mit etwa der ½ Menge Marillenmarmelade bestreichen. Einen der beiden Böden in einen Tortenring legen und die Punschfülle darauf gleichmäßig verteilen; evtl. mit den Fingern am Rand festdrücken. Den zweiten Boden mit der bestrichenen Marmeladeseite nach unten auf die Füllung setzen und behutsam andrücken. Torte mit einem flachen Gegenstand beschweren und 2–3 Stunden kalt stellen. Tortenreifen entfernen. Torte umdrehen und auf einen Tortenteller legen. Restliche Marmelade aufkochen und die Tortenoberfläche und Tortenrand damit bestreichen.
Fondant über Dampf unter ständigem Rühren erwärmen (etwa 35–38 °C), mit Cherry oder rosa Lebensmittelfarbe glatt rühren und dadurch zart rosa färben. Fondant rasch mit einer Palette auf der Tortenoberfläche möglichst glatt verstreichen (**Hinweis:** Es soll nicht über den Rand fließen) und sofort im vorgeheizten Rohr bei 140 °C etwa ½ Minute trocknen lassen. Torte etwa 30 Minuten überkühlen. Tortenrand mit Mandeln einstreuen (Illustration).

Trüffeltorte

Zutaten für 1 Torte
mit 12 Stück

Schokolade-Nussboden:
200 g dunkle Kuvertüre
6 Eier
70 g Mehl (glatt)
270 g Haselnüsse, gerieben
200 g Brutter
90 g Staubzucker
1 TL Vanillezucker
Prise Salz
120 g Kristallzucker

evtl. Butter und Mehl
für die Form

Trüffelcreme:
3/8 l Schlagobers
400 g dunkle Kuvertüre
3 EL Rum

Schokoladespäne
zum Bestreuen

Schokolade-Nussboden: Schokolade über Dampf schmelzen. Eier trennen. Mehl versieben und mit den Haselnüssen vermengen. Butter mit Staub- und Vanillezucker sowie Salz cremig aufschlagen. Dotter nach und nach unterrühren, zuletzt die geschmolzene Schokolade unterziehen. Eiklar mit Kristallzucker zu Schnee schlagen. 1/3 vom Schnee gut unter die Dottermasse rühren. Restlichen Schnee mit Haselnuss-Mehl behutsam unterheben.

Einen Tortenreifen mit Papier oder Alufolie eindrehen (siehe Illustration S. 180) bzw. eine Springform (24 cm Durchmesser) mit Butter befetten und bemehlen. Masse einfüllen, zum Rand hochstreichen und im vorgeheizten Rohr bei 180 °C etwa 1 Stunde backen. Torte auskühlen lassen, aus dem Reifen schneiden bzw. aus der Form lösen. Torte mit einem Sägemesser zweimal horizontal durchschneiden, sodass drei Böden entstehen.

Trüffelcreme: Schlagobers aufkochen, von der Hitze nehmen, Schokolade beifügen und verrühren, bis die Schokolade vollkommen geschmolzen ist. Rum einrühren. Creme kalt stellen und leicht anziehen lassen.

Einen Tortenboden in einen Tortenreifen legen. 1/3 der Creme darauf verstreichen, mit dem zweiten Tortenboden bedecken, 1/3 Creme daraufstreichen und letzten Boden behutsam andrücken; Torte mit Folie zugedeckt etwa 2 Stunden kalt stellen.

Torte mithilfe eines Messers vom Rand des Tortenreifens lösen und Tortenreifen abheben. Restliche Creme über Dampf dickflüssig erwärmen, über die Torte gießen und die Torte gleichmäßig einstreichen; mit Schokoladespänen bestreuen. **Hinweis:** Die Creme muss noch weich sein, sonst haften die Schokospäne nicht. Falls die Creme doch zu fest geworden ist, die Torte einige Sekunden in das auf 100 °C vorgeheizte Rohr stellen oder mit Lötlampe bzw. Bunsenbrenner leicht anschmelzen.

Williamstorte

Zutaten für 1 Torte
mit 12 Stück

Biskuitboden:
Rezept siehe S. 181

Pochierte Birnen:
600 g Birnen
(Williams Christ)
80 g Kristallzucker
Saft von 2 Zitronen
2 cl (1–2 EL) Williamsbrand

Williamscreme:
4 Blätter Gelatine
1/8 l Milch
1 TL Vanillezucker
Prise Salz
1 Dotter
60 g Kristallzucker
3 cl (2 EL) Williamsbrand
300 ml Schlagobers

1 Packung Tortengelee

Biskuitboden: Wie im Rezept (S. 181) beschrieben zubereiten und horizontal durchschneiden.

Pochierte Birnen: Birnen waschen, schälen und entkernen. 1/4 l Wasser mit Zucker, Zitronensaft und Williamsbrand aufkochen. Birnen einlegen und zugedeckt bissfest kochen; von der Hitze nehmen und die Birnen im Sud auskühlen lassen.

Creme: Gelatine in reichlich kaltem Wasser einweichen. Milch mit Vanillezucker sowie Salz aufkochen. Dotter mit Zucker mit der Schneerute glatt rühren. Kochende Milch zu den Dottern gießen und so lange rühren, bis die Masse bindet und cremig wird.
Gelatine gut ausdrücken und in der warmen Creme durch Rühren auflösen. Creme durch ein Passiersieb seihen oder mit dem Stabmixer pürieren und kalt stellen, bis sie leicht zu stocken beginnt. Anschließend Creme mit Williamsbrand glatt rühren. Schlagobers steif schlagen. 1/3 des Schlagobers mit der Creme fest verrühren, restliches Schlagobers behutsam unterheben.

Biskuitboden mit einem Tortenreifen umstellen. 1/4 der Birnen aus dem Sud heben, gut abtropfen lassen und kleinwürfelig schneiden. Birnenwürfel auf dem Biskuitboden verteilen. Creme (bis auf etwa 3 Esslöffel) auf die Birnenwürfel auftragen, gleichmäßig verstreichen und mit dem zweiten Biskuitboden bedecken. Restliche Creme daraufstreichen und die Torte mit Folie zugedeckt etwa 2 Stunden kalt stellen.

Die restlichen Birnen aus dem Sud heben, gut abtropfen lassen und in dünne Spalten schneiden. Torte mit Birnenspalten fächerförmig belegen.
Tortengelee laut Packungsvorschrift zubereiten und die Birnen damit bestreichen (= „abglänzen"). Torte mithilfe eines Messers vom Rand des Tortenreifens lösen und Tortenreifen abheben (siehe Illustration S. 190).

Tipp: So gelingt es leicht, einen Tortenreifen abzuheben: Tortenreifen außen mit einer Lötlampe (Bunsenbrenner) vorsichtig erwärmen und den Reifen abheben.

Topfen-Obers-Torte

Zutaten für 1 Torte
mit 12 Stück

Tortenboden:
Halbe Menge des Biskuitboden-Grundrezeptes (S. 181)

Topfencreme:
5 Blätter Gelatine
250 g Topfen (20% Fett), passiert
120 g Staubzucker
Prise Salz
Schale von je ¼ Orange und Zitrone (unbehandelt), abgerieben
Saft von 1 Zitrone
100 g Sauerrahm
400 ml Schlagobers

Geleeglasur:
100 g Tortengelee
70 g Marillenmarmelade, passiert

Früchte, Beeren zum Dekorieren

Tortenboden: ½ Menge Biskuitboden wie beschrieben (S. 181) zubereiten und in einen Tortenreifen geben.

Topfencreme: Gelatine in kaltem Wasser einweichen. Topfen mit Staubzucker, Salz, Orangen- sowie Zitronenschale, Zitronensaft und Sauerrahm glatt rühren. Schlagobers cremig schlagen. Gelatine gut ausdrücken und über Dampf auflösen. ¼ der Topfenmasse einrühren; restliche Topfenmasse unterrühren, zuletzt Schlagobers behutsam unterziehen.

Topfencreme auf den Tortenboden im Tortenreifen einfüllen und die Oberfläche glatt verstreichen, mit Folie zugedeckt etwa 2 Stunden kalt stellen – noch besser tiefkühlen.

Geleeglasur: Tortengelee laut Packungsanweisung zubereiten. Marillenmarmelade ins heiße Gelee rühren, vorsichtig über die Torte gießen und mit einer Palette glatt verstreichen; etwas anziehen lassen und den Tortenreifen abheben*. Torte mit Früchten und Beeren dekorieren.

Tipp: So gelingt es leicht, einen Tortenreifen abzuheben: Tortenreifen außen mit einer Lötlampe (Bunsenbrenner) vorsichtig erwärmen und den Reifen abheben.

Weincremetorte

Zutaten für 1 Torte
mit 12 Stück

Biskuitboden:
70 g Mehl (glatt)
70 g Stärkemehl
4 Eier
120 g Kristallzucker
1 TL Vanillezucker
Prise Salz
Schale von ½ Zitrone
(unbehandelt), abgerieben
60 g heiße Butter
evtl. Butter und Mehl
für die Form
Kristallzucker
zum Bestreuen

Weincreme:
5 Blätter Gelatine
400 ml Schlagobers
⅛ l Weißwein (am besten
Grüner Veltliner)
90 g Kristallzucker
4 Dotter
Saft und Schale von
½ Zitrone (unbehandelt),
abgerieben
1 TL Vanillezucker

Dekoration:
350 ml Schlagobers
2 TL Staubzucker
weiße Weintrauben
zum Belegen

Biskuitboden: Mehl mit Stärkemehl versieben. Eier mit Kristall- und Vanillezucker, Salz sowie Zitronenschale gut schaumig rühren. Mehlmischung behutsam unterheben. Heiße Butter vorsichtig untermengen.

Einen Tortenreifen (24 cm Durchmesser) mit Papier eindrehen (siehe Illustration S. 180) bzw. eine Springform (24 cm Durchmesser) mit Butter bestreichen und mit Mehl bestreuen.
Masse einfüllen, zum Rand hochziehen (siehe Illustration S. 180) und im vorgeheizten Rohr bei 180 °C etwa 30 Minuten backen.

Torte sofort nach dem Backen mit Kristallzucker bestreuen, mit Backtrennpapier abdecken, umdrehen und vollständig auskühlen lassen. Biskuit horizontal halbieren.
Hinweis: Es wird nur ein Biskuitboden benötigt, den zweiten in Frischhaltefolie gewickelt tiefkühlen.

Weincreme: Gelatine in kaltem Wasser einweichen. Schlagobers steif schlagen und kalt stellen. Weißwein mit Kristallzucker, Dottern, Zitronensaft und -schale, Vanillezucker verrühren und über Dampf schaumig aufschlagen; gut ausgedrückte Gelatine in der warmen Masse auflösen, von der Hitze nehmen und die Creme weiterschlagen, bis sie gut abgekühlt ist (= „kalt schlagen"). ⅓ vom Schlagobers mit der Creme gut verrühren, restliches Schlagobers behutsam unterrühren.

Tortenboden mit Tortenreifen umstellen, Weincreme auf den Tortenboden einfüllen, glatt streichen, mit Frischhaltefolie zugedeckt etwa 2 Stunden kalt stellen. Schlagobers mit Staubzucker steif schlagen. Torte mithilfe eines Messers aus dem Reifen bzw. der Form schneiden bzw. aus der Form lösen. Torte mit ⅔ des Schlagobers einstreichen. Restliches Schlagobers in einen Spritzsack mit gezackter Tülle füllen und die Torte verzieren. Mit Weintrauben dekorativ belegen.

Gerührte Linzertorte

Zutaten für 1 Torte
mit 12 Stück

1/8 l Milch
2–3 EL Weinbrand oder Rum
3 Eier
150 g Mehl (glatt)
1 TL Backpulver
100 g Biskuit-, Semmel- oder Biskottenbrösel
300 g Walnüsse, gerieben
180 g zimmerwarme Butter
180 g Staubzucker
2 TL Stärkemehl
Schale von ½ Zitrone (unbehandelt), abgerieben
1 TL Vanillezucker
Prise Salz
1 MS Zimt (gemahlen)
½ MS Nelkenpulver
1 Backoblate
125 g Ribiselmarmelade
30 g Mandeln oder Haselnüsse, geschält und gehobelt

Staubzucker zum Bestreuen
evtl. Butter und Mehl für die Form

Milch mit Weinbrand und Eiern gut verrühren. Mehl mit Backpulver versieben und mit Bröseln sowie Walnüssen vermengen.

Einen Tortenreifen (24 cm Durchmesser) mit Papier eindrehen (siehe Illustration S. 180) bzw. eine Springform (24 cm Durchmesser) mit Butter bestreichen und mit Mehl bestreuen.

Weiche Butter mit Staubzucker, Stärkemehl, Zitronenschale, Vanillezucker, einer Prise Salz, Zimt, Nelkenpulver cremig rühren. Eier-Milch- und Mehl-Brösel-Nussmischung abwechselnd unter die Buttermasse heben.
2/3 der Masse einfüllen und glatt streichen. Backoblate etwa 2 cm kleiner als die Form zuschneiden und auf die eingefüllte Masse legen. Ribiselmarmelade gleichmäßig darauf verstreichen.
Restliche Linzermasse in einen Spritzsack füllen und gitterförmig auf die Marmelade dressieren. Den Tortenrand mit der Masse ausspritzen. Torte mit Mandeln bestreuen und im vorgeheizten Rohr bei 160 °C etwa 1 Stunde backen. Vollständig auskühlen lassen.
Torte mithilfe eines Messers aus dem Reifen bzw. der Form schneiden bzw. aus der Form lösen. Leicht anzuckern.

Hinweis: Die Torte schmeckt am besten, wenn man sie – mit Folie zugedeckt – 2–3 Tage im Kühlschrank durchziehen lässt.

Zitronentorte

Zutaten für 1 Torte
mit 12 Stück

Biskuit:
80 g Mehl (glatt)
60 g Stärkemehl
4 Eier
120 g Kristallzucker
Schale von ½ Zitrone
(unbehandelt), abgerieben
Prise Salz
60 g Butter
evtl. Butter und Mehl
für die Form

Zitronencreme:
200 g Kristallzucker
300 g Butter
Saft und abgeriebene
Schale von 2 Zitronen
(unbehandelt)
2 Eier
2 TL Staubzucker

Zum Eindecken:
Marzipan
Edelbitterschokolade

Biskuit: Mehl mit Stärkemehl versieben. Eier trennen. Dotter mit 2 EL Kristallzucker, Zitronenschale sowie Salz schaumig rühren. Eiklar mit restlichem Kristallzucker zu Schnee schlagen. ⅓ vom Schnee mit dem Dotterabtrieb verrühren. Restlichen Schnee und Mehl behutsam unterheben.

Einen Tortenreifen mit Backpapier eindrehen (siehe Illustration S. 180) oder eine Springform (24 cm Durchmesser) mit Butter befetten und bemehlen. Biskuitmasse einfüllen und im vorgeheizten Rohr bei 180 °C etwa 35 Minuten backen; Biskuit sofort mit wenig Kristallzucker bestreuen, mit Backtrennpapier abdecken, umdrehen, sodass es auf dem gezuckerten Papier liegt. Biskuit 1 Stunde tiefkühlen. **Hinweis:** Dadurch lässt sich das Biskuit leicht in gleichmäßig dünne Böden schneiden.

Zitronencreme: Zucker mit 200 g Butter, Zitronensaft und -schale aufkochen. Eier einrühren, nochmals aufkochen und bei geringer Hitze unter ständigem Rühren kochen lassen, bis die Creme bindet, also dicklicher wird. Creme durch ein Sieb streichen und kalt stellen, bis sie zu stocken beginnt.

Biskuit mit einem Messer horizontal in 5 dünne Böden schneiden. Restliche (zimmerwarme!) Butter mit Staubzucker schaumig rühren und nach und nach mit der Zitronencreme zu einer geschmeidigen Creme verrühren. Vorsicht: Die Creme gerinnt leicht!

Einen Tortenboden in einen Tortenreifen legen und mit Zitronencreme und restlichen Tortenböden abwechselnd zusammensetzen und mit Creme abschließen. Torte etwa 1 Stunde kühl stellen. Anschließend behutsam aus dem Reifen schneiden, den Tortenrand mit einer Palette etwas glatt verstreichen und mit Marzipan eindecken: Marzipan etwa 2 mm dünn ausrollen, die Torte damit eindecken (überstehende Marzipanreste mit einer Teigkarte oder einem kleinen Messer wegschneiden), Schokolade darüberreiben, ein Blatt Backpapier darauflegen und mit der Handfläche leicht darübermassieren (fixieren).

Schokomousse-Torte

Zutaten für 1 Torte
mit 12 Stück

Tortenboden:
90 g dunkle Kuvertüre (mindestens 55-66% Kakaoanteil)
80 g Butter
3 Eiklar
25 g Kristallzucker
2 Dotter

Mousse:
125 ml Schlagobers
220 g dunkle Kuvertüre (mindestens 55-66% Kakaoanteil)
4 Dotter
320 ml leicht geschlagenes Schlagobers

Glasur:
siehe Bananenschnitten (S. 224)

Tortenboden: Kuvertüre mit Butter über Dampf schmelzen. Eiklar mit Kristallzucker zu Schnee schlagen. Dotter und Kuvertüre unter den Schnee heben.

Masse in einen mit Papier eingedrehten Tortenreifen (24 cm Durchmesser) füllen und glatt verstreichen. Im vorgeheizten Rohr bei 180 °C etwa 18–20 Minuten backen. Auskühlen lassen, anschließend Papier sowie Tortenreifen entfernen.

Mousse: Obers aufkochen und über die Kuvertüre gießen, anschließend mit einem Stabmixer pürieren und auf etwa 32–34 °C (= lippenwarm) abkühlen lassen. Dotter über Dampf heiß aufschlagen, anschließend mit dem Handrührgerät kalt rühren (bis Zimmertemperatur erreicht ist) und ⅓ davon sowie ⅓ vom leicht aufgeschlagenen Schlagobers zügig unter die Grundmasse rühren. Restliche Dotter- und Schlagobersmasse vorsichtig mit der Schneerute unterheben.

Tortenreifen mit Klarsichtfolie auslegen, auf einen Tortenteller stellen, Tortenboden einlegen und die Schokolade-Mousse auftragen, glatt verstreichen. Torte mindestens 3–4 Stunden kalt stellen oder auch tiefkühlen.

Glasur: Wie für Bananenschnitten (S. 224) zubereiten. Torte auf ein Gitter stellen, Reifen und Folie entfernen. Glasur über die Torte gießen, mit einer Palette glatt verstreichen und eventuell nach Geschmack noch dekorieren.

Kakao-Nusstorte

Zutaten für 1 Torte
mit 12 Stück

Nussmasse:
120 g Mehl (glatt)
180 g Walnüsse,
fein gerieben
6 Eier
180 g Kristallzucker
2 TL Vanillezucker
1 MS Zimt (gemahlen)
60 g Butter

evtl. Butter und Mehl
für die Form
Kristallzucker

Nusscreme:
50 g Kristallzucker
100 g Walnüsse,
fein gerieben
2 EL Rum

halbe Menge von
der Buttercreme (S. 264)

Kakaopulver zum Bestreuen
12 Walnusshälften
zum Belegen

Nussmasse: Mehl versieben und mit Nüssen vermengen. Eier mit Kristall- und Vanillezucker sowie Zimt schaumig rühren, bis die Masse nicht mehr an Volumen zunimmt. Nuss-Mehl behutsam unterheben. Butter erhitzen und vorsichtig einrühren.
Einen Tortenreifen mit Papier 5 cm hoch eindrehen bzw. Springform (24 cm Durchmesser) befetten und bemehlen, Masse einfüllen, zum Rand hochstreichen und im vorgeheizten Rohr bei 180 °C etwa 1 Stunde backen. Torte mit Zucker bestreuen, mit Backtrennpapier abdecken, umdrehen und auskühlen lassen; aus dem Reifen schneiden bzw. aus der Form lösen. Torte mit Sägemesser zweimal horizontal durchschneiden, sodass drei Böden entstehen.

Nusscreme: 1⁄16 l Wasser mit Zucker aufkochen, Walnüsse beifügen und unter ständigem Rühren aufkochen, von der Hitze nehmen, Rum einrühren, mit Stabmixer pürieren und kalt stellen.

Die Hälfte Buttercreme wie beschrieben (S. 264) zubereiten. 1⁄3 der Buttercreme mit der Nussfarce verrühren, restliche Buttercreme behutsam unterrühren.
Einen Tortenboden in einen Tortenreifen legen. 1⁄3 der Creme darauf verstreichen, mit dem zweiten Tortenboden bedecken, wieder 1⁄3 Creme daraufstreichen, letzten Boden daraufgeben und behutsam andrücken; Torte mit Folie zugedeckt etwa 1 Stunde kalt stellen. Creme soll fest werden, so lässt sich die Torte besser einstreichen. Torte mithilfe eines Messers vom Rand des Tortenreifens lösen und Tortenreifen abheben. Oberfläche und Tortenrand mit restlicher Nusscreme einstreichen und 30 Minuten im Kühlschrank fest werden lassen. Auf der Torte Portionen markieren. Torte mit Kakao besieben. In jedes Portionsstück am Rand der Torte mit einer Spritzsacktülle eine Vertiefung drücken. Die restliche Creme in einen Spritzsack mit gezackter Tülle füllen und in kleinen Tupfen in diese Vertiefungen dressieren. Mit Nusshälften dekorieren.

Hinweis: Besonders saftig wird die Torte, wenn man die Nussböden mit Rummischung tränkt: 40 ml Wasser mit 40 g Staubzucker sowie 2–3 EL Rum verrühren und Tortenböden damit bestreichen.

Mandeltorte

Mehl mit Stärkemehl versieben. Eier trennen. Dotter mit Vanillezucker, Salz, Zitronenschale sowie Rohmarzipan zu einer glatten Masse verrühren. Butter beifügen und cremig rühren.
Eiklar mit Kristallzucker zu Schnee schlagen. ⅓ vom Schnee mit der Marzipanmasse gut verrühren. Restlichen Schnee und Mehlmischung behutsam unterheben.

Einen Tortenreifen mit Papier oder Alufolie eindrehen (siehe Illustration S. 180) bzw. eine Springform (24 cm Durchmesser) mit Butter befetten und bemehlen. Masse einfüllen, zum Rand hochstreichen, mit gehobelten Mandeln bestreuen und im vorgeheizten Rohr bei 170 °C etwa 1 Stunde backen.

Torte auskühlen lassen und mithilfe eines Messers aus dem Reifen bzw. der Form schneiden bzw. aus der Form lösen. Mit Staubzucker bestreut anrichten. Schlagobers mit wenig Staubzucker cremig schlagen und zur Torte servieren.

Zutaten für 1 Torte
mit 12 Stück

100 g Mehl (glatt)
50 g Stärkemehl
6 Eier
1 TL Vanillezucker
Prise Salz
Schale von ½ Zitrone (unbehandelt), abgerieben
80 g Rohmarzipan
120 g weiche Butter
100 g Kristallzucker
60 g Mandeln, gehobelt

evtl. Butter und Mehl für die Form
Staubzucker zum Bestreuen
¼ l Schlagobers

Ferchers Nusstorte

Zutaten für 1 Torte
mit 12 Stück

Mürbteig:
125 g Mehl (glatt)
80 g Butter, in kleine Würfel geschnitten
40 g Staubzucker
1 Dotter
½ TL Vanillezucker
Schale von ¼ Zitrone (unbehandelt), abgerieben
Mehl zum Ausarbeiten

Nussmasse:
3 Eier
120 g Kristallzucker
15 g Stärkemehl
1 TL Vanillezucker
Prise Salz
150 g Walnüsse, gerieben
30 g feine Semmelbrösel
140 g flüssige Butter

Glasur:
40 g Staubzucker
10 ml Rum

etwa 100 g passierte Marillenmarmelade

Tortenreifen oder Pieform (24 cm Durchmesser und 3 cm hoch) auf ein mit Backtrennpapier ausgelegtes Blech legen.

Mürbteig: Alle Zutaten rasch zu einem Mürbteig verkneten; mindestens 30 Minuten kalt stellen. Mürbteig auf bemehlter Arbeitsfläche etwa 2 mm dünn ausrollen und den Tortenreifen damit auslegen.

Nussmasse: Eier mit Kristallzucker, Stärkemehl, Vanillezucker sowie Salz schaumig rühren. Walnüsse mit Semmelbröseln und Butter unterziehen (melieren).

Nussmasse sofort einfüllen und die Nusstorte ins auf 200 °C vorgeheizte Rohr schieben. Temperatur auf 175 °C reduzieren und die Torte etwa 40 Minuten backen. Vorsichtig den Mürbteig mit einem glatten Messer von der Form lösen und die Torte kurz überkühlen lassen. Marillenmarmelade aufkochen und die noch warme Torte auf der Oberfläche damit üppig bestreichen.

Glasur: Staubzucker mit Rum halbflüssig verrühren, erwärmen (35–38 °C) und die Torte damit bestreichen. Dazu geschlagenes Obers servieren.

Karamelloberstorte

Zutaten für 1 Torte
mit 12 Stück

Biskuitboden:
Rezept siehe S. 181*

Karamellmasse:
160 ml Schlagobers
50 g Honig
½ TL Vanillezucker
15 g Butter
110 g Kristallzucker

Creme:
4 Gelatineblätter
350 ml Schlagobers
3 Dotter
20 g Zucker

Glasur:
1 Gelatineblatt

100 ml Schlagobers
1 TL Vanillezucker
zum Abstreichen

evtl. Schokoladeplättchen
zum Garnieren

* Hinweis: Wird nur die halbe gebackene Torte benötigt, evtl. die zweite Hälfte tiefkühlen.

Biskuitboden: Wie beschrieben (S. 181) backen. Boden horizontal halbieren und eine Hälfte evtl. tiefkühlen. Restlichen Tortenboden nochmals horizontal durchschneiden, sodass zwei Böden (à 12 mm) entstehen. Einen Tortenboden in einen Tortenreifen (24 cm Durchmesser) legen.

Karamellmasse: Schlagobers mit Honig, Vanillezucker und Butter erhitzen, aber nicht aufkochen lassen. Zucker schmelzen, mit dem heißen Butterobers aufgießen und mit Stabmixer pürieren, bis das Karamell vollständig geschmolzen ist; auskühlen lassen. **Hinweis:** 100 g für die Glasur beiseite geben.

Creme: Gelatine in kaltem Wasser einweichen. Schlagobers leicht anschlagen. Es soll nicht zu steif sein. Kalt stellen. Dotter mit Zucker über Dampf warm schlagen, von der Hitze nehmen und kalt rühren (so lange rühren, bis die Creme Zimmertemperatur hat). Gelatine gut ausdrücken, über Dampf auflösen und mit der warmen (etwa 32–33 °C) Karamellmasse verrühren. ⅓ vom geschlagenen Obers rasch einrühren, restliches Schlagobers und schaumige Dotter langsam mit einer Schneerute einrühren.

Die Hälfte der Creme auf den Tortenboden im Reifen auftragen, glatt verstreichen, zweiten Biskuitboden darauf einlegen und behutsam anpressen. Restliche Creme darauf glatt verstreichen und Torte etwa 2 Stunden tiefkühlen.

Einstreichen: Gelatine in kaltem Wasser einweichen. Schlagobers mit Vanillezucker aufschlagen und gut ausschlagen. Torte damit glatt einstreichen. Gelatine gut ausdrücken, über Dampf schmelzen und in die beiseite gegebenen 100 g Karamell einrühren.
Sobald die Karamellglasur leicht anzieht (leicht stockt), Karamell darübergießen und mit einer Palette zum Rand streichen. Torte etwa 30 Minuten kalt stellen.
Tortenreifen entfernen (siehe Tipp**), Torte mit einem immer wieder in heißes Wasser getauchten Messer in Stücke schneiden. Eventuell mit Schokoplättchen garnieren.

** Tortenreifen mit einer Lötlampe erwärmen und behutsam abziehen.

Schnitten und Rouladen

„Für Gesunde eine Leckerei, für Kranke wegen seiner Nahrhaftigkeit und leichten Verdaulichkeit nicht selten ein Bedürfnis und für alle Welt eine ebenso angenehme wie gesunde Beigabe zu Kaffee oder Tee". So definiert das Appettit-Lexikon von 1894 Biskuit, das seither nichts an Beliebtheit eingebüßt hat. Das liegt vielleicht daran, dass es sich beim Biskuit nicht um ein einzelnes Gericht, sondern um eine Vielfalt von Backmassen handelt, aus denen sich Dutzende, vielleicht Hunderte unterschiedlichster Backwaren zaubern lassen: Torten, Kuchen, Schnitten, Rouladen – süß gefüllt, oder auch Omeletts, süße Stanitzel und Petit fours – die Mehlspeisküche wäre ohne Biskuitteig um einige Attraktionen ärmer.

Das war nicht immer so.

Die ursprünglichste Form des Biskuitteiges ist die Biskotte. Die alten Römer haben schon für ihre Legionen diese eiserne Reserve für den Tornister erfunden, die sie, um sie haltbar zu machen, eben zweimal gebacken haben. Deshalb der Name „bis cotum", was so viel wie zweimal Gebackenes bedeutet. Aus „Cotum" wurde das italienische „Biskotto", dessen Zubereitung erstmals im 17. Jahrhundert in österreichische Kochbücher aufgenommen wurde. So findet man im Kochbuch des Granat Appfls von 1699 „Bischgoten in die Papier-Häusl" und „Bischgoten anderer Art".

Im Französischen entwickelte sich aus Biskotte das Wort „Bis-cuit", das bis ins 17. Jahrhundert ein Brot bezeichnete, das zur Haltbarmachung in Scheiben geschnitten und ein zweites Mal gebacken wurde, bis es trocken und mürbe war. Dieses Zwey-back hat sich als „Zwieback" (Schiffsdauerbrot) durchgesetzt, und „Biskuit" (auch Löffelbiskuit, Kinderbiskuit oder österreichisch Biskotte) wurde der Inbegriff für ein leichtes Gebäck.

Der Wandel vom harten Keks zum lockeren Backwerk fand aber nicht übergangslos statt: Im 17. Jahrhundert begann man die Teigmasse durch Eier, Zucker, Nüsse, Wein und Rosenwasser zu veredeln. Erst 100 Jahre später kam man dann auf die Idee, die Eier zu trennen und Eiweiß und Dotter getrennt voneinander schaumig zu schlagen und unter die Mehlmasse zu heben.

Wichtig: Alle Zutaten sollen Raumtemperatur haben. Für die klassische Biskuitmasse rechnet man pro Ei 30 g Zucker und 20 g Mehl (glatt). Je höher der Zuckeranteil, desto kleinporiger und stabiler wird die Biskuitmasse. Durch die geringe Zuckermenge wird die Masse zwar sehr luftig, fällt aber auch leicht zusammen. Variieren kann man auch das Verhältnis Eiklar–Dotter: Durch Zugabe von mehr Dottern erhält man eine trockenere, feinporige und dunkelgelbe Biskuitmasse. Durch Erhöhung des Eiklaranteils wird die Masse heller, luftiger und höher. Die Luft kann grundsätzlich nach zwei Methoden in die Masse eingebracht werden: Man unterscheidet zwischen warm und kalt geschlagenem Biskuitteig:

Beim **kalt geschlagenen Biskuit** werden entweder die Eiklar mit Zucker zu steifem Schnee geschlagen und Dotter sowie Mehl anschließend vorsichtig untergezogen oder die Dotter mit Zucker und Gewürzen (Zitronenschale und Vanille) schaumig gerührt und Eischnee sowie Mehl vorsichtig untergezogen.

Bei der **warm geschlagenen Biskuitmasse** werden die ganzen Eier mit Zucker über Dunst aufgeschlagen. Dies hat den Vorteil, dass sich der Zucker leichter auflöst und das Biskuit besonders feinporig und locker wird. Wichtig: Die Masse darf nicht zu heiß werden (Wassertemperatur etwa 50 °C).

Biskuitmasse muss sofort gebacken werden, da sonst die eingeschlagene Luft entweicht und das Biskuit speckig wird. Backrohr unbedingt vorheizen. Biskuittorten und -kuchen werden bei etwa 180 °C gebacken; Kleingebäck bei 200 °C. Keine Umluft!

Die Masse ist fertig gebacken, wenn die Oberfläche trocken ist und das Biskuit sich auf Fingerdruck elastisch anfühlt. Die Masse nach dem Backen ganz auskühlen lassen.

Zigeunerschnitten

Zutaten für 12 Stück

5 Eier
50 g dunkle Kuvertüre
80 g zimmerwarme, weiche Butter
50 g Staubzucker
1 TL Vanillezucker
80 g Kristallzucker
100 g Mehl (glatt)

Parisercreme:
200 g dunkle Kuvertüre
1/8 l Schlagobers
40 g zimmerwarme, weiche Butter
2 cl (1–2 EL) Rum

etwa 200 g Himbeermarmelade
etwa 200 g dunkle Kuvertüre
Pistazien, grob gehackt

Eier trennen. Kuvertüre über Dampf schmelzen. Butter mit Staub- und Vanillezucker cremig rühren. Schokolade unterziehen, Dotter nach und nach unterrühren.
Eiklar mit Kristallzucker zu Schnee schlagen. 1/3 vom Schnee mit der Masse gut verrühren, restlichen Schnee und Mehl behutsam unterheben.
Masse in Form eines Rechteckes (40 cm x 30 cm) auf ein mit Backtrennpapier ausgelegtes Blech streichen und im vorgeheizten Rohr bei 200 °C etwa 12 Minuten backen.

Hinweis: Während der Backzeit einen Kochlöffel zwischen Backrohrtür und Rahmen klemmen, sodass ein Spalt offen bleibt.

Den gebackenen Teig anschließend in 5 Streifen (8 cm x 30 cm) schneiden und vom Papier lösen.

Parisercreme: Kuvertüre fein hacken. Schlagobers aufkochen und von der Hitze nehmen, Kuvertüre beifügen und verrühren, bis sie vollständig geschmolzen ist. Creme etwas überkühlen lassen.
Sobald die Creme etwas anzieht, aber noch nicht fest ist, Butter beifügen und die Masse schaumig aufrühren, dabei Rum einträufeln.

Himbeermarmelade glatt rühren. 4 Streifen damit bestreichen, anschließend mit Creme bestreichen. **Hinweis:** Etwas Creme zum Einstreichen der Oberfläche aufheben. Schnitten abwechselnd mit Creme zusammensetzen und die Oberfläche der Schnitten mit Creme glatt und gleichmäßig einstreichen.

Kuvertüre über Dampf schmelzen bzw. temperieren (S. 265) und die Zigeunerschnitten damit überziehen und mit Pistazien bestreuen.

Esterházyschnitten

Zutaten für 10 Stück

Esterházyböden:
30 g Mehl (glatt)
180 g Haselnüsse, gerieben
1 MS Zimt (gemahlen)
6 Eiklar
150 g Kristallzucker

Creme:
etwa 400 g bzw. halbe Menge der Buttercreme (S. 264)
60 g Haselnüsse, gerieben
1 EL Weinbrand

Glasur:
100 g Marillenmarmelade, passiert
etwa 200 g Fondant*
Kakaopulver zum Einfärben**

* Fondant ist eine konzentrierte Zuckerlösung zum Glasieren von Mehlspeisen und im Lebensmittelhandel erhältlich.

** Anstelle von Kakaopulver kann man auch dunkle, geschmolzene Schokolade verwenden.

Esterházyböden: Mehl mit Haselnüssen und Zimt vermengen. Eiklar mit etwa der $1/2$ Menge Kristallzucker steif schlagen, restlichen Zucker beifügen und den Schnee ausschlagen. Mehl-Nussmischung unter den Schnee ziehen.

Masse auf ein mit Backtrennpapier ausgelegtes Blech zu einem Teigstreifen (36 cm x 40 cm lang) streichen, Oberfläche mit einer Palette glatt streichen und im vorgeheizten Rohr bei Oberhitze etwa 12 Minuten hell backen. Teigstreifen noch heiß in sechs Streifen (6 cm x 40 cm) schneiden und vollständig auskühlen lassen.

Creme: Buttercreme wie beschrieben (S. 264) zubereiten. Haselnüsse kurz rösten, bis sie zu duften beginnen; überkühlen lassen und mit Weinbrand cremig pürieren. Nussmasse zuerst mit wenig Buttercreme verrühren, anschließend mit der restlichen Buttercreme glatt rühren.

Die Esterházy-Streifen jeweils mit Buttercreme bestreichen und zusammensetzen, den letzten Boden mit der Unterseite nach oben auflegen. Vor dem Glasieren etwa 2 Stunden kalt stellen.

Glasur: Passierte Marillenmarmelade aufkochen und die Oberfläche damit bestreichen. Fondant mit etwas Wasser verrühren und über Dampf (ca. 35–38 °C) erwärmen. 3 EL vom Fondant mit etwas Kakao verrühren. Restliches Fondant auf die Oberfläche der Schnitten gießen und mit einer Palette glatt verstreichen (Sollte das Fondant zu fest sein, mit etwas Wasser zur gewünschten Konsistenz bringen.). Dunkle Glasur in einen Einwegspritzsack (oder in Papierstanitzel) füllen, die Spitze mit einer Schere etwa 1 mm abschneiden; anschließend die dunkle Glasur im Abstand von 1 cm auf die noch feuchte Oberfläche spritzen. Mit einem Spieß Linien durch die Glasur ziehen. Vor dem Anschneiden noch eine Stunden an einem kühlen Ort ziehen lassen (**Hinweis:** Nicht im Kühlschrank, dort löst sich die Glasur auf!).

Cremeschnitten

Zutaten für etwa
10 Schnitten

400 g Fertigblätterteig oder
Grundrezept (S. 118)
Mehl für das Blech

Creme:
200 g Vanillecreme
(s. Rezept S. 264)
3 Blätter Gelatine
2 TL Staubzucker
1 EL Rum
2 TL Vanillezucker
400 g Schlagobers

80 g Marillenmarmelade
150 g Fondant

Blätterteig zu einem 2 mm dicken Rechteck (20 cm x 42 cm) ausrollen, auf ein mit etwas Mehl bestreutes Blech legen, mit einer Gabel mehrmals einstechen.
Anschließend im vorgeheizten Rohr bei 210 °C etwa 20 Minuten backen (**Hinweis:** Die lange Backzeit ist wichtig, damit der Blätterteig auch innen knusprig wird!). Blätterteig auskühlen lassen.

Creme: Vanillecreme laut Rezept zubereiten und auskühlen lassen. Gelatine in reichlich kaltem Wasser einweichen. Kalte Vanillecreme mit Staubzucker, Rum und Vanillezucker mixen. Schlagobers steif schlagen. Gelatine gut ausdrücken und über Dampf auflösen. Aufgelöste Gelatine zuerst mit einigen Löffeln von der Vanillecreme verrühren, anschließend zügig mit der restlichen Creme und etwa ⅓ Schlagobers glatt rühren. Restlichen Schlagobers unterziehen.

Blätterteig in 2 gleich große Teile (20 cm x 9 cm) schneiden. Einen Teigstreifen mit Creme bestreichen und kalt stellen.
Zweites Teigblatt am besten auf ein Glasiergitter legen und mit erwärmter Marmelade dünn bestreichen. Fondant mit Wasser glatt rühren und über Dampf erwärmen.
Auf die Marmelade gießen, mit einer Palette rasch glatt streichen und auskühlen lassen.
Glasierten Teigstreifen mit einem immer wieder in heißes Wasser getauchten scharfen Messer in 10 Stücke schneiden. Teigstücke knapp nebeneinander auf die Creme legen. Cremeschnitten (am besten mit einem Elektromesser) in Stücke schneiden.

Hinweis: Man kann die Cremeschnitten anstelle mit Fondant auch mit Zuckerglasur bestreichen. Dafür Staubzucker mit Wasser sowie Rum dickflüssig verrühren, erwärmen und anschließend glacieren.

Joghurtroulade

Zutaten für 1 Roulade
mit 10 Stück

Biskuit:
70 g Mehl (glatt)
5 Dotter
Prise Salz
Schale von 1/4 Zitrone (unbehandelt), abgerieben
80 g Kristallzucker
4 Eiklar

Kristallzucker

Creme:
6 Blätter Gelatine
300 g Joghurt
80 g Staubzucker
Saft und abgeriebene Schale von 1 Zitrone (unbehandelt)
1/4 l Schlagobers

Erdbeeren zum Garnieren
Staubzucker zum Bestreuen

Biskuit: Mehl sieben. Dotter mit Salz, Zitronenschale sowie 1/3 vom Kristallzucker cremig rühren, bis die Masse nicht mehr an Volumen zunimmt und der Zucker vollständig aufgelöst ist.
Eiklar mit restlichem Zucker zu Schnee schlagen. 1/3 vom Schnee mit der Dottermasse gut verrühren. Restlichen Schnee und Mehl behutsam unterheben.

Masse rechteckig (40 cm x 20 cm) auf ein mit Backtrennpapier ausgelegtes Blech streichen und im vorgeheizten Rohr bei 220 °C etwa 10–12 Minuten backen. Biskuit mit Zucker bestreuen, mit Backtrennpapier abdecken, umdrehen und gut auskühlen lassen.

Creme: Gelatine in reichlich kaltem Wasser einweichen. Joghurt mit Staubzucker, Zitronensaft und -schale glatt rühren. Gelatine gut ausdrücken und über Dampf auflösen; mit 1/4 der Joghurtmasse fest verrühren. Schlagobers steif schlagen und mit der restlichen Joghurtmasse unterziehen.

Mitgebackenes Papier vom Biskuit abziehen. Creme so aufstreichen, dass sie in der Mitte erhöht ist. Im Kühlschrank fest werden lassen. Roulade mithilfe von Papier einrollen und mit Lineal festziehen (siehe Illustration S. 210). Roulade mit der Papierverschlussseite nach unten auf eine Platte setzen; mindestens 1 Stunde kalt stellen. Papier entfernen, die Joghurtroulade in etwa 3 cm breite Scheiben schneiden, bezuckern und mit Erdbeerhälften garniert anrichten.

Kardinalschnitten

Zutaten für 8–10 Portionen

Schneemasse:
5 Eiklar
110 g Kristallzucker
30 g Stärkemehl (Weizenstärke)

Biskuitmasse:
2 Dotter
1 Ei
30 g Kristallzucker
½ TL Vanillezucker
Prise Salz
40 g Mehl (glatt)

Kaffeecreme:
1½ Blätter Gelatine
300 ml Schlagobers
1 TL Löskaffee
30 g Staubzucker

Staubzucker zum Bestreuen

Schneemasse: Eiklar mit Kristallzucker und Stärkemehl zu geschmeidigem Schnee schlagen, in einen Spritzsack mit großer, glatter Tülle füllen und mit einem Abstand von etwa 1½ cm, zwei dreifache Bahnen (ca. 12 cm breit, 30 cm lang) auf ein mit Backtrennpapier ausgelegtes Blech spritzen.

Biskuitmasse: Dotter mit Ei, Zucker, Vanillezucker sowie Salz schaumig rühren, Mehl unterheben. Die Biskuitmasse in einen Spritzsack mit großer, glatter Tülle füllen und gleichmäßig zwischen die Schneebahnen dressieren. Mit Staubzucker gut besieben und im vorgeheizten Rohr bei 160 °C etwa 30–35 Minuten backen.

Hinweis: Zwischen Backrohrtür und Rahmen einen Kochlöffel klemmen, damit die Tür einen Spalt offen bleibt. Biskuit-Baiser-Streifen auskühlen lassen, wenden und mitgebackenes Papier vorsichtig abziehen.

Creme: Gelatine in reichlich kaltem Wasser einweichen. Schlagobers leicht aufschlagen. Die eingeweichte Gelatine gut ausdrücken und über Dampf auflösen, Löskaffee und Staubzucker einrühren. ⅓ vom Schlagobers mit der Gelatine verrühren. Restliches Schlagobers vorsichtig mit der Schneerute unterheben.

Einen Biskuit-Baiser-Streifen gleichmäßig mit Kaffeecreme bestreichen. Zweiten Biskuit-Baiser-Streifen mit Schwung auf das Obers setzen. **Hinweis:** Die beiden Streifen sollen möglichst exakt übereinanderliegen. Kardinalschnitten etwa 1 Stunde kalt stellen. Bezuckern und in Portionen teilen.

Tipp: Klassisch werden Kardinalschnitten ohne Creme, nur mit Marillen- oder Preiselbeermarmelade zusammengesetzt. Auf alle Fälle auch einen Versuch wert!

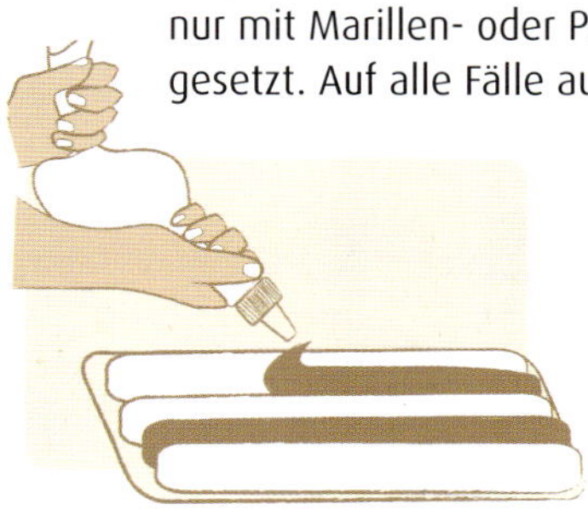

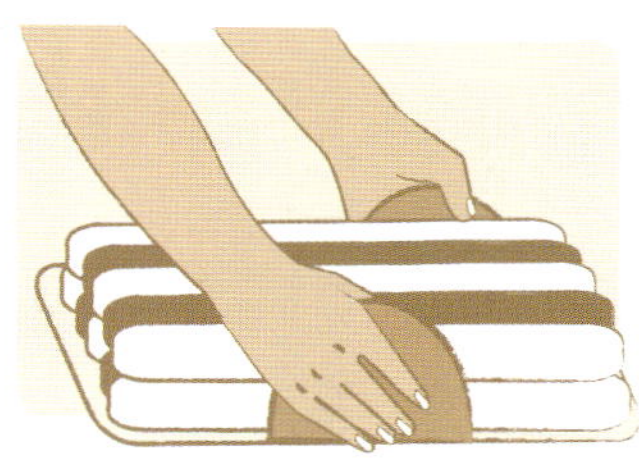

Pistazienroulade

Zutaten für 1 Roulade
mit 10 Stück

Biskuit:
4 Eier
60 g Mehl (glatt)
20 g Kakao
100 g Kristallzucker

Kristallzucker

Pistaziencreme:
4 Blätter Gelatine
1/8 l Milch
1 TL Vanillezucker
Prise Salz
1 Dotter
50 g Kristallzucker
1–2 EL Maraschino
30 g Pistazien
1/4 l Schlagobers

Mehl zum Bestreuen
Pistazien zum Dekorieren

Biskuit: Eier trennen. Mehl mit Kakao versieben. Dotter und 1/3 vom Kristallzucker cremig rühren. Eiklar mit restlichem Kristallzucker zu festem Schnee schlagen. 1/3 vom Schnee mit der Dottermasse verrühren. Restlichen Schnee und Mehl-Kakao-Vermengung behutsam unterheben. Masse in einen Spritzsack füllen und so auf ein mit Backtrennpapier ausgelegtes Blech dressieren (oder mit einer Palette gleichmäßig aufstreichen), dass ein Rechteck (25 cm x 35 cm) entsteht. Im vorgeheizten Rohr bei 220 °C etwa 12–15 Minuten backen.
Sofort mit Mehl bestreuen, mit Backpapier belegen, umdrehen und Biskuit gut auskühlen lassen.

Pistaziencreme: Gelatine in kaltem Wasser einweichen. Milch mit Vanillezucker und Salz aufkochen. Dotter und Zucker mit einer Schneerute cremig rühren, kochend heiße Milch unter ständigem Rühren in die Dottercreme gießen, so lange rühren, bis die Creme bindet. Gelatine gut ausdrücken und in der Creme auflösen. Creme mit Stabmixer pürieren und kalt stellen.
Maraschino, Pistazien sowie 3 EL von der leicht gestockten Creme mit einem Stabmixer pürieren, sodass die Pistazien zerkleinert werden. Creme mit der Pistazienmasse glatt rühren. Schlagobers steif schlagen und 1/3 davon mit der Pistaziencreme verrühren. Restliches Schlagobers unterziehen.

Papier vom Biskuit abziehen, Pistaziencreme darauf glatt verstreichen, kühl stellen und fest werden lassen. Anschließend Roulade mithilfe des unteren Backtrennpapiers eng einrollen, mit Papier umwickeln, mit der Verschlussseite nach unten auf eine Platte legen und etwa 1 Stunde kalt stellen. Roulade in Portionen schneiden, mit Pistazien dekoriert anrichten.

Rigó Jancischnitten

Zutaten für 15 Stück

Schokoladebiskuit:
35 ml Milch
35 ml Öl
4 Eier
130 g Kristallzucker
5 g Vanillezucker
Prise Salz
190 g Mehl (glatt) mit
20 g Kakaopulver versiebt
50 g Ribiselmarmelade

Schokoladecreme:
300 g Schokolade
oder Kuvertüre
500 g Schlagobers
5 Dotter von ganz frischen
Eiern oder
100 g pasteurisierte Dotter*
20 g Zucker

Glasur:
100 g Schokolade oder
dunkle Kuvertüre
50 g Schlagobers

Oberscreme:
250 g Schlagobers
1 TL Vanillezucker

* Erhältlich im Konditor- oder im Gastronomiegroßhandel.

Blech mit Backtrennpapier auslegen, einen ausziehbaren Kapselrahmen auflegen und auf eine Größe von 36 cm x 25 cm ausziehen. Milch mit Öl auf etwa 55–60 °C erwärmen. Eier mit Kristall- und Vanillezucker sowie Salz gut schaumig rühren. Kakao-Mehl unterziehen und Milch-Ölmischung einrühren.

Masse in den vorbereiteten Kapselrahmen geben, mit Palette oder Teigkarte glatt verstreichen und im vorgeheizten Rohr bei 205 °C etwa 12–15 Minuten backen; vollständig auskühlen lassen. Anschließend Biskuit aus dem Kapselrahmen ausschneiden, Biskuitfleck umdrehen und das mitgebackene Papier abziehen. Biskuit in zwei Streifen (jeweils 15 cm x 25 cm) schneiden. Einen Schokobiskuitstreifen auf ein mit Backtrennpapier ausgelegtes Blech legen, mit Ribiselmarmelade bestreichen und mit Kapselrahmen (15 cm x 25 cm) umstellen.

Schokoladecreme: Schokolade grob hacken und über Dampf (50 °C) schmelzen. Schlagobers leicht aufschlagen und kalt stellen. Dotter mit Zucker über Dampf heiß aufschlagen, von der Hitze nehmen und anschließend so lange schlagen, bis die Masse Zimmertemperatur hat (= sog. kalt schlagen). ⅓ der Dottermasse und vom geschlagenen Obers rasch und fest in die geschmolzene Schokolade rühren. Restliche Dottermasse mit dem restlichen geschlagenen Obers verrühren, Schokoladegrundmasse dazugeben und vorsichtig unterziehen. Schokoladecreme auf den vorbereiteten Biskuitstreifen im Kapselrahmen auftragen, gleichmäßig verstreichen und kühl stellen.

Den zweiten Schokoladebiskuitstreifen umdrehen, sodass die „Hautseite" nach unten aufliegt.

Glasur: Schokolade über Dampf schmelzen, Obers lauwarm erwärmen, in die Schokolade gießen, gut verrühren und den Schokobiskuitstreifen damit glasieren und im Kühlschrank „anziehen" lassen. In Quadrate (5 cm Kantenlänge) schneiden.

Oberscreme: Schlagobers mit Vanillezucker steif aufschlagen und auf die Schokoladecreme im Kapselrahmen auftragen (**Tipp:** Eventuell Masse in einen Spritzsack mit glatter Tülle füllen und auf die Schokocreme dressieren) und glatt verstreichen.
Mit einem in heißes Wasser getauchten Messer zwischen Kuchenrand und Kapselrahmen entlangfahren und den Kapselrahmen anschließend entfernen.
Mit glasierten Schokoladequadraten belegen und mit einem immer wieder in heißes Wasser getauchten Messer portionieren.

Rigó Janci ist eine ungarische Cremetortenspezialität. Benannt wurde sie nach dem ungarischen Zigeunerprimas Rigó, der im Budapester Café Gerbeaud aufspielte, als dort Prinz Joseph Chimay et de Carawan mit seiner jungen amerikanischen Frau Claire zu Gast war. Claire und Janci verliebten sich Hals über Kopf, verließen unauffällig nacheinander das Café und wurden nie wieder gesehen.

Maraschinoroulade

Zutaten für 1 Roulade
mit 10 Stück

Biskuit:
Siehe Rezept S. 210

Creme:
3 Blätter Gelatine
160 ml Milch
1 TL Vanillezucker
Prise Salz
2 Dotter
40 g Kristallzucker
100 g dunkle Kuvertüre, grob gehackt

3 Kompottbirnenhälften
3 EL Maraschino
Staubzucker zum Bestreuen

Biskuit wie beschrieben (S. 210) backen und auskühlen lassen.

Creme: Gelatine in kaltem Wasser einweichen. Milch mit Vanillezucker und Salz aufkochen. Dotter mit Zucker cremig rühren. Kochende Milch unter ständigem Rühren in die Dottermasse gießen und so lange rühren, bis die Creme bindet. Gelatine gut ausdrücken, gemeinsam mit der Schokolade in die Creme rühren und auflösen. Creme durch ein Passiersieb seihen und kalt stellen, bis sie zu stocken beginnt.

Eine Kuppelform oder Rehrückenform mit Klarsichtfolie auslegen. Ausgekühltes Biskuit so schneiden, dass es in die Form passt und an den Längsseiten etwa 4 cm über den Rand der Form steht.
Anschließend 2/3 hoch mit Creme füllen. Kompottbirnen gut abtropfen lassen, in Spalten schneiden und auf die Creme setzen. Abschnitte vom Biskuit schneiden und die Birnenspalten damit bedecken. Biskuit mit Maraschino tränken.
Restliche Creme daraufstreichen, überhängende Biskuitenden über die Creme klappen und behutsam andrücken.
Mit Folie abdecken und im Kühlschrank mindestens 2 Stunden fest werden lassen.
Roulade aus der Form stürzen, Folie entfernen und die Roulade in etwa 3 cm breite Scheiben schneiden.
Mit Staubzucker bestreut servieren.

Nusscremeroulade

Zutaten für 1 Roulade
mit 12 Stück

Nussbiskuit:
5 Eier
120 g Kristallzucker
1 TL Vanillezucker
1 MS Zimt (gemahlen)
80 g Walnüsse, gerieben
80 g Mehl (glatt)
30 ml Öl*
Kristallzucker
Mehl zum Bestreuen

Nusscreme:
halbe Menge
der Buttercreme (S. 264)
50 g Kristallzucker
100 g Walnüsse, gerieben
2 EL Rum

120 g Ribiselmarmelade
12 Walnusshälften
zum Dekorieren

*Pflanzenöl; kein Oliven-, kein Kürbiskernöl.

Nussbiskuit: Eier trennen. Dotter mit ⅓ vom Kristallzucker, Vanillezucker und Zimt schaumig rühren. Eiklar mit restlichem Zucker zu Schnee schlagen. ⅓ vom Schnee mit der Dottermasse gut verrühren. Restlichen Schnee, Walnüsse sowie Mehl behutsam unterheben. Öl unterziehen.

Masse auf einem mit Backtrennpapier ausgelegten Blech glatt verstreichen, im vorgeheizten Rohr bei 210 °C etwa 12–15 Minuten backen. Biskuit mit Mehl bestreuen, mit Backtrennpapier abdecken, umdrehen (damit es auf der bemehlten Seite liegt) und Biskuit gut auskühlen lassen.

Nusscreme: Buttercreme wie beschrieben (S. 264) zubereiten. $1/16$ l Wasser mit Zucker aufkochen, Walnüsse beifügen und unter ständigem Rühren aufkochen. Von der Hitze nehmen, Rum einrühren, Masse mit Stabmixer pürieren und kalt stellen.

⅓ der Buttercreme mit der Nussmasse glatt rühren; anschließend restliche Buttercreme langsam unterrühren. Mitgebackenes Papier vom Nussbiskuit abziehen, Nussfleck mit Ribiselmarmelade bestreichen, Creme gleichmäßig darauf auftragen – dabei etwa 2 EL von der Creme für die Dekoration aufheben. Roulade einrollen (siehe Illustration S. 210) und etwa 1 Stunde kalt stellen, bis die Creme stockt.

Auf der Roulade Portionsstücke markieren. Beiseite gegebene Creme in einen Spritzsack füllen, kleine Tupfen auf die Roulade dressieren und auf jeden Cremetupfen jeweils 1 Walnusshälfte setzen.

Bananenschnitten

Zutaten für etwa 12 Stück

Biskuit:
7 Eier
120 g Kristallzucker
1 TL Vanillezucker
Prise Salz
140 g Mehl (glatt)

Vanillebuttercreme:
250 ml Milch
30 g Vanillepuddingpulver
1 TL Vanillezucker
Prise Salz
100 g Kristallzucker
1 Dotter
300 g zimmerwarme Butter

100 ml Eierlikör
1,3 kg Bananen

Glasur:
1/8 l Schlagobers
50 g Honig
130 g dunkle Kuvertüre, zerkleinert

Biskuit: Eier trennen. Dotter mit 12 g vom Zucker, Vanillezucker und Salz schaumig rühren. Eiklar mit restlichem Kristallzucker zu schmierigem Schnee schlagen. 1/3 vom Schnee mit der Dottermasse verrühren. Mehl unterziehen und restlichen Schnee behutsam unterheben. Masse in Form eines Rechteckes (40 cm x 30 cm) auf ein mit Backtrennpapier ausgelegtes Blech streichen und im vorgeheizten Rohr bei 205 °C etwa 12 Minuten backen. Anschließend mit einem leicht mit Mehl bestaubten Backpapier belegen, Biskuit umdrehen und auskühlen lassen.

Vanillebuttercreme: Milch mit Vanillepuddingpulver, Vanillezucker, Salz, Kristallzucker sowie Dotter gut verrühren und unter ständigem Rühren aufkochen, bei geringer Hitze dickcremig einkochen lassen (dabei ständig rühren). Von der Hitze nehmen und kalt rühren. Butter unter ständigem Rühren nach und nach beifügen.

Vom Biskuit das mitgebackene Papier abziehen und das Biskuit in der Breite halbieren; mit der halben Menge Eierlikör bestreichen und etwa 1/4 der Vanillebuttercreme auftragen. Zweite Biskuithälfte mit der Hautseite nach unten auf die Creme legen, mit restlichem Eierlikör befeuchten und mit 1/4 Vanillebuttercreme bestreichen.
Bananen schälen, längs der Krümmung nach halbieren und dicht nebeneinander auf die Creme legen. Restliche Vanillebuttercreme darauf auftragen und glatt verstreichen. Mindestens 2 Stunden – am besten über Nacht – kalt stellen, damit sie fest werden.

Glasur: Schlagobers mit Honig aufkochen, Kuvertüre beifügen und behutsam umrühren und auf etwa 30–32 °C abkühlen lassen.*

Die kalten Bananenschnitten mit einer in heißes Wasser getauchten Palette nochmals glatt streichen. Glasur auf die Bananenschnitten gießen, glatt verstreichen und kurz im Kühlschrank stocken lassen. Portionieren.

* Tipp: Sollten Luftbläschen in der Glasur sein, das Geschirr mit der Glasur einige Male auf die Arbeitsfläche aufklopfen, dann schwenken.

Mohn-Himbeerschnitten

Zutaten für etwa
15 Portionen

5 Eier
125 g zimmerwarme Butter
40 g Staubzucker
1 TL Vanillezucker
1 MS Zimt (gemahlen)
Prise Salz
100 g Kristallzucker
150 g Graumohn, gemahlen
100 g Haselnüsse oder
Mandeln, gerieben
25 g Mehl (glatt)
Ei zum Bestreichen

100 g weiche Butter
60 g Staubzucker
1 TL Vanillezucker
etwa 600 g Himbeeren
(evtl. tiefgekühlt)

Tortengelee

Eier trennen. Weiche Butter mit Dottern, Staub- und Vanillezucker, Zimt sowie Salz schaumig rühren, Eiklar mit Kristallzucker zu schmierigem Schnee schlagen, unter die Buttermasse heben. Mohn mit Haselnüssen und Mehl vermengen und vorsichtig in die Masse einrühren. Einen Kapselrahmen (24 cm x 20 cm) oder einen Tortenreifen (24 cm Durchmesser) mit Papier eindrehen (siehe Illustration S. 180).
Masse in die vorbereitete Form füllen, Oberfläche glatt streichen und im vorgeheizten Rohr bei 180 °C etwa 30–35 Minuten backen. Im Rahmen oder Reifen auskühlen lassen.

Weiche Butter mit Staubzucker sowie Vanillezucker gut schaumig rühren, auf die Mohnmasse auftragen, und gleichmäßig verstreichen. Mit Himbeeren dicht belegen. Tortengelee laut Packungsanweisung zubereiten und die Himbeeren damit bestreichen (= „abglänzen"). Mindestens 30 Minuten kalt stellen. Mit einem Messer entlang des Kapselrahmens oder Tortenreifens fahren und den Kuchen lösen, Rahmen abheben. In Schnitten schneiden und servieren.

Cremedesserts

Der bekannte Prediger Abraham a Santa Clara sprach vor etwa 200 Jahren von „süßen Speisen, verzuckerten Trachten, kristallinen Sulzen, schleckrigen Possen und Bissen in verguldeten Kandeln", wenn er all die cremigen, fruchtigen, kalten oder warmen Köstlichkeiten aufzählte, die eine Mahlzeit krönen können.

Mousse ist die noble Beschreibung für die feinsten Nachspeisen, die buchstäblich auf der Zunge zergehen. In früheren Zeiten bezeichnete man diese Speisen einfach als Mus oder – in der süßen Form – als Eierrahm. Man kann diese auserlesenen Speisen auch generell als Creme bezeichnen.

Grundlage ist immer ein ganz besonders feines Püree aus Früchten, Nüssen, Milchprodukten (wie Joghurt, Topfen oder Sauerrahm), das meist mit Gelatine und geschlagenem Obers vermengt wird.

Wichtige Tipps:

- Gelatine hat einen natürlichen „Feind", nämlich in tropischen Früchten wie Ananas und Kiwis enthaltene Enzyme, die Eiweiß spalten und damit die Gelatine am Festwerden hindern. Abhilfe: Früchte blanchieren, dadurch werden die Enzyme unwirksam.
- Beim Auflösen der Gelatine ist es wichtig, dass sie zuerst in kaltem Wasser eingeweicht und dann beim Auflösen nicht zu stark erhitzt wird – am besten im Wasserbad oder in heißer (nicht kochender!) Flüssigkeit.
- Wichtig: Warme, aufgelöste Gelatine nie in eiskalte Flüssigkeit geben, da sie plötzlich erstarrt und Klümpchen bildet.

6 Blätter Gelatine reichen, um 1000 ml (bzw. 1000 g) einer Oberscreme zu gelieren.

Maroniterrine

Zutaten für 10 Portionen

Dunkles Biskuit:
5 Eier
1 TL Vanillezucker
80 g Kristallzucker
50 g Mehl (glatt)
30 g Kakao
Kristallzucker

Maronicreme:
7 Blätter Gelatine
¼ l Milch
1 TL Vanillezucker
Prise Salz
2 Dotter
100 g Kristallzucker
½ l Schlagobers
250 g Maronipüree (Kastanienreis)
2 EL Rum

Rumobers:
¼ l Schlagobers
1–2 EL Rum
1 TL Vanillezucker

Schokoladespäne zum Dekorieren

Dunkles Biskuit: Eier trennen. Dotter mit Vanillezucker cremig rühren. Eiklar mit Kristallzucker zu Schnee schlagen unter die Dottermasse heben. Mehl mit Kakao versieben und behutsam unterziehen. Masse rechteckig (25 cm x 30 cm) auf ein mit Backtrennpapier ausgelegtes Blech streichen, im vorgeheizten Rohr bei 200 °C etwa 12–15 Minuten backen. Biskuit mit Kristallzucker bestreuen, mit Backtrennpapier bedecken, umdrehen und auskühlen lassen.

Maronicreme: Gelatine in kaltem Wasser einweichen. Milch mit Vanillezucker sowie Salz aufkochen. Dotter mit Kristallzucker schaumig schlagen, Milch unter ständigem Rühren in die Dottermasse gießen. Bei geringer Hitze unter Rühren cremig einkochen lassen. Gelatine gut ausdrücken und in der warmen Creme auflösen. Creme pürieren und zugedeckt kalt stellen, bis sie leicht zu gelieren beginnt. 150 g Maronipüree mit Rum glatt rühren.
Schlagobers zu cremiger Konsistenz aufschlagen; ⅓ davon mit dem Maronipüree verrühren; restliches Schlagobers behutsam unterziehen. Maronimasse in eine mit Klarsichtfolie ausgelegte Rehrücken- oder Terrinenform füllen*. Biskuit so zuschneiden, dass die Biskuitplatte genau auf die mit Creme gefüllte Form passt und die Creme abdeckt. Terrine mit Frischhaltefolie zugedeckt im Kühlschrank mindestens 3–4 Stunden fest werden lassen.

Terrine aus der Form stürzen, Folie entfernen. Restliches Maronipüree durch ein Sieb streichen, Terrine mit Maronipüree belegen und leicht andrücken.

Rumobers: Schlagobers mit Rum sowie Vanillezucker leicht anschlagen. Terrine mit einem glatten, immer wieder in kaltes Wasser getauchten Messer in Scheiben schneiden. Mit Sauce anrichten und mit Schokoladespänen dekoriert servieren.

Tipp: Besonders dekorativ sieht die Terrine aus, wenn man aus Maronipüree eine fingerdicke Rolle formt und diese mittig einlegt (siehe Foto).

* So werden Rehrücken-, Terrinen- oder Wannenformen richtig mit Folie ausgelegt: Folie mit einem Geschirrtuch an den Innenwänden gut andrücken – so entstehen keine Hohlräume bzw. Luftlöcher.

Creme von schwarzen Ribiseln

Zutaten für 6 Portionen

Creme:
250 g schwarze Ribiseln (evtl. tiefgekühlt)
6 Blätter Gelatine
1/4 l Milch
100 g Kristallzucker
1 Ei
3 Dotter
300 ml Schlagobers
Saft von 1 Zitrone
2 cl Crème de Cassis (Johannisbeerlikör)

Mandelschaum:
40 g Rohmarzipan
1/8 l Weißwein
4 Dotter
1 EL Kristallzucker
2 cl Mandellikör (Amaretto)

Creme: Ribiseln waschen, abrebeln und mit 1/8 l Wasser aufkochen; tiefgekühlte Beeren auftauen lassen. Ribiseln anschließend pürieren, nochmals aufkochen und durch ein Passiersieb streichen und kalt stellen.
Gelatine in reichlich kaltem Wasser einweichen. Milch mit Zucker aufkochen. Ei mit Dottern verrühren. Milch unter ständigem Rühren in die Ei-Dottermischung rühren. Gelatine gut ausdrücken und darin auflösen. Creme durch ein Passiersieb seihen, kalt stellen, bis die Creme leicht anzieht, aber noch nicht stockt.

Schlagobers cremig aufschlagen. 6 EL vom Ribiselpüree für die weitere Verarbeitung beiseite geben. Restliches Püree mit Zitronensaft, Crème de Cassis und 1/3 vom Schlagobers mit der Grundcreme verrühren. Restliches Schlagobers unterziehen. Creme in kleine Formen füllen, mit Folie abgedeckt im Kühlschrank etwa 2–3 Stunden stocken lassen.

Mandelschaum: Rohmarzipan in Stücke schneiden und gemeinsam mit Weißwein mit dem Stabmixer glatt pürieren. Dotter und Zucker unterrühren und die Marzipanmasse mit Mandellikör verfeinern. Kurz vor dem Servieren über Dampf cremig aufschlagen.

Beiseite gegebenes Ribiselpüree mit etwas Staubzucker abschmecken.
Formen aus dem Kühlschrank nehmen, Folie entfernen und die Formen kurz in heißes Wasser tauchen. Creme auf kalte Teller stürzen, mit Ribiselpüree begießen und mit Mandelschaum anrichten.

Joghurtcreme mit Beeren

Zutaten für 8 Portionen

400 g Beeren
(z. B. Heidelbeeren, Himbeeren oder Erdbeeren)
3 cl (2 EL) Bacardi
Staubzucker

6 Blätter Gelatine
½ l Joghurt
120 g Staubzucker
Saft von 2 Zitronen
300 ml Schlagobers

Beeren waschen, verlesen und je nach Größe halbieren oder vierteln. Kleine Beeren ganz lassen. ⅔ der Beeren mit Bacardi sowie Staubzucker vermengen und etwa ½ Stunde ziehen lassen. **Hinweis:** restliche Beeren für die Dekoration aufheben.

Gelatine in reichlich kaltem Wasser einweichen. Joghurt mit Staubzucker glatt rühren. Gelatine gut ausdrücken und mit dem Zitronensaft erwärmen. Etwas von der Joghurtmasse in die Gelatine rühren, anschließend mit der restlichen Joghurtmasse gut verrühren. Schlagobers cremig aufschlagen und unter die Joghurtcreme ziehen.
Die marinierten Beeren in Glasschalen verteilen. Creme daraufgeben und zugedeckt im Kühlschrank etwa 1 Stunde stocken lassen. Vor dem Servieren mit den restlichen Beeren garnieren und mit Staubzucker bestreut servieren.

Tipp: Anstelle von Beeren können auch andere Früchte, wie z. B. Kirschen, Mangos, Marillen, Orangen usw., verwendet werden.

Grinzinger Weincharlotte

Zutaten für 10–12 Portionen

Biskotten:
Siehe Rezept S. 184

Weincreme:
4 Blätter Gelatine
¼ l Weißwein (Riesling)
120 g Kristallzucker
Saft von 1 Zitrone
3 Dotter
350 ml Schlagobers

Ribiselsauce:
250 g Ribiseln
120 g Staubzucker
4 cl (2–3 EL) Johannisbeer-likör (Cassis)

150 g kernlose Trauben zum Garnieren.

Biskotten wie beschrieben (S. 184) backen.

Weincreme: Gelatine in reichlich kaltem Wasser einweichen. Weißwein mit Zucker und Zitronensaft aufkochen. Dotter in eine Schüssel geben. Weinsud unter ständigem Rühren zu den Dottern gießen und cremig rühren.
Gelatine gut ausdrücken und in der warmen Weincreme auflösen. Creme durch ein Passiersieb seihen und kalt stellen, bis die Creme leicht anzieht.

Schlagobers cremig aufschlagen, ⅓ vom Schlagobers mit der Weincreme verrühren, restliches Schlagobers behutsam unterziehen. Weincreme in 10–12 kleine Formen bzw. Tassen füllen, Oberfläche glatt streichen und mit Folie zugedeckt im Kühlschrank stocken lassen.

Ribiselsauce: Ribiseln waschen, abrebeln, mit 150 ml Wasser und dem Staubzucker aufkochen, kurz pürieren (**Hinweis:** Die Kerne sollen ganz bleiben, pürierte Kerne machen die Sauce bitter.). Ribiselpüree durch ein Sieb streichen, mit Likör verrühren und kalt stellen.

Trauben waschen, entstielen und gut abtropfen lassen. Formen kurz in heißes Wasser tauchen, Creme herausstürzen, auf einen Teller setzen, mit Biskotten umstellen, behutsam andrücken und die Weincharlotte mit Trauben garniert servieren.

Orangencreme

Zutaten für 8 Portionen

3 kernlose Orangen (unbehandelt)
Salz
7 EL Kristallzucker
Minze oder Zitronenmelisse, geschnitten
3 cl Orangenlikör

Creme:
7 Blätter Gelatine
2 Dotter
100 g Staubzucker
1/4 l Milch
1 TL Vanillezucker
Schale von 1/2 Orange (unbehandelt), abgerieben
1/2 l Schlagobers
5 cl (2–3 EL) Orangenlikör

Minzeblätter zum Garnieren

Orangen waschen. Schale von 1/2 Orange fein abreiben und für die weitere Verarbeitung (für die Creme) beiseite geben. Schale von 2 Orangen dünn (am besten mit einem Zestenreißer) abschälen und in feine Streifen schneiden. Orangenstreifen (Orangenzesten) in leicht gesalzenem Wasser aufkochen, abseihen und in kaltem Wasser schwemmen. Orangenzesten anschließend mit 1/16 l Wasser sowie 3 EL Kristallzucker aufkochen, 2 Minuten kochen lassen; von der Hitze nehmen und auskühlen lassen.
Orangen fertig abschälen, sodass auch die weiße Haut entfernt wird. Orangen filetieren (Orangenspalten zwischen den Trennhäuten mit einem kleinen, scharfen Messer herausschneiden). Orangenspalten auf einem Tuch gut abtropfen lassen.
Orangenspalten mit Minze oder Zitronenmelisse, restlichem Kristallzucker und Orangenlikör vermengen und etwa 1 Stunde ziehen lassen.

Creme: Gelatine in reichlich kaltem Wasser einweichen. Dotter mit Zucker schaumig rühren. Milch mit Vanillezucker sowie Orangenschale aufkochen und unter ständigem Rühren in die Dottermasse einrühren und bei geringer Hitze unter Rühren cremig einkochen.
Gelatine gut ausdrücken und in der Creme auflösen. Creme durch ein Passiersieb seihen und kalt stellen, bis sie leicht anzieht, aber noch nicht stockt.
Schlagobers cremig aufschlagen. Orangenlikör in die Creme rühren. 1/3 vom Schlagobers einrühren, restliches Schlagobers unterziehen. Orangencreme in kleine Formen füllen und zugedeckt im Kühlschrank etwa 1–2 Stunden stocken lassen. Formen aus dem Kühlschrank nehmen, Folie entfernen und die Formen kurz in heißes Wasser tauchen. Creme auf kalte Teller stürzen. Creme mit Orangenspalten anrichten, mit der Marinade beträufeln und mit Orangenzesten und Minzeblätter garniert servieren.

Bratäpfel mit Preiselbeerschaum

Äpfel waschen, Kerngehäuse ausstechen. Schale der Äpfel mit einem Messer mehrfach einritzen.
Rosinen unter heißem Wasser waschen, gut abtropfen lassen und mit Walnüssen, Zimt und Honig glatt verrühren. Nussfüllung in die Äpfel füllen. Wein mit Kristall- und Vanillezucker sowie ⅛ l Wasser verrühren und in eine hitzebeständige Wanne oder Form füllen. Äpfel hineinsetzen, mit Butter bestreichen, ein wenig Weinsirup darüberschöpfen und im vorgeheizten Rohr bei 180 °C etwa 15–20 Minuten bissfest braten. **Garprobe:** Die Äpfel sollen beim Einstechen mit einer Nadel einen fühlbaren Widerstand haben, aber doch weich sein. **Hinweis:** Die genaue Bratzeit hängt von der Größe der Äpfel ab.

Preiselbeerschaum: Dotter mit Zucker, Apfelsaft, Preiselbeerkompott, Vanillezucker und Salz glatt rühren. Kurz vor dem Servieren Preiselbeermasse über Dampf dickschaumig und cremig aufschlagen. Äpfel aus dem Rohr nehmen, etwa 5 Minuten überkühlen lassen und mit Preiselbeerschaum zur Hälfte überziehen und sofort servieren.

Zutaten für 6 Portionen

6 rote Äpfel (am besten Jonagold, Boskop)
60 g Rosinen
120 g Walnüsse, gerieben
1 MS Zimt (gemahlen)
3 EL Honig
¼ l Weißwein
100 g Kristallzucker
1 TL Vanillezucker
60 g Butter zum Bestreichen

Preiselbeerschaum:
4 Dotter
20 g Kristallzucker
⅛ l Apfelsaft
3–4 EL Preiselbeerkompott
1 TL Vanillezucker
Prise Salz

Kokoscreme mit pochierten Marillen

Zutaten für 6 Portionen

Kokoscreme:
6 Blätter Gelatine
4 Dotter
50 g Kristallzucker
¼ l Milch
50 g Kokosraspel
4 cl (2–3 EL) Kokosnusslikör
40 g Schokolade
¼ l Schlagobers

Pochierte Marillen:
450 g Marillen
60 g Kristallzucker
Saft von 1 Zitrone
1 Zimtstange
2 EL Marillenbrand

Gelatine in kaltem Wasser einweichen.
Dotter mit Zucker schaumig rühren. Milch mit Kokosraspeln aufkochen, durch ein Sieb abseihen und unter ständigem Rühren in die Dottermasse gießen. Bei geringer Hitze unter Rühren cremig einkochen lassen.
Gelatine gut ausdrücken und in der warmen Creme auflösen. Creme mit einem Stabmixer pürieren und zugedeckt kalt stellen, bis sie leicht zu gelieren beginnt. Anschließend Likör beifügen. Schokolade über Dampf schmelzen. Schlagobers zu cremiger Konsistenz aufschlagen und unterziehen. ⅓ der Kokoscreme mit der geschmolzenen Schokolade verrühren. Restliche weiße Kokoscreme in Förmchen füllen, dunkle Kokoscreme in einen Spritzsack mit glatter Lochtülle füllen und in die Mitte hineindressieren. Förmchen mit Frischhaltefolie zugedeckt im Kühlschrank mindestens 2 Stunden fest werden lassen.

Pochierte Marillen: Marillen waschen, entkernen und vierteln. 90 ml Wasser mit Zucker, Zitronensaft und Zimtstange aufkochen, Marillen sowie Marillenbrand beifügen und zugedeckt bei geringer Hitze etwa 1 Minute dünsten. Von der Hitze nehmen und die Marillen im Sud auskühlen lassen.

Förmchen aus dem Kühlschrank nehmen, kurz in heißes Wasser tauchen. Kokoscreme auf Teller stürzen, mit Marillen anrichten, mit dem Marillensud beträufeln und servieren.

Tipp: Sehr gut schmeckt auch noch Marillensauce dazu. (Rezept siehe S. 258)

Gefüllte Birnen

Zutaten für 6 Portionen

6 mittelgroße, reife Birnen (z. B. Williams Christ oder Alexander)
3/8 l Weißwein
150 g Kristallzucker
Saft von 2 Zitronen
2 EL Birnenschnaps
1 Zimtstange oder Zimt (gemahlen)
3 gestrichene TL Stärkemehl
75 g Schokolade, grob gerieben
150 g Mandeln, grob gerieben
1 Eiklar
Butter
5 EL Schlagobers

Wein mit 3/16 l Wasser, Zucker, Zitronensaft, Schnaps und Zimt aufkochen. Birnen schälen (Stängel nicht entfernen), Kerngehäuse mit einem kleinen Löffel vorsichtig entfernen.
Birnen in den Sud einlegen und darin weich kochen. Aus dem Sud nehmen, gut abtropfen lassen. Kochsud auf etwa 2/3 der ursprünglichen Menge einkochen.
Stärkemehl mit etwas kaltem Wasser verrühren und unter ständigem Rühren in den Saft einkochen; von der Hitze nehmen und auskühlen lassen.

Schokolade mit der halben Menge der Mandeln vermengen und die Birnen damit füllen. Ein Backblech oder eine feuerfeste Form mit Alufolie auslegen und mit Butter ausstreichen. Birnen mit Eiklar bestreichen, mit restlichen Mandeln rundherum bestreuen und auf das Blech geben. Birnenstängel mit Alufolie umwickeln. Birnen bei 200 °C Oberhitze etwa 10–15 Minuten überbacken.

Schlagobers steif schlagen. Die erkaltete Birnencreme glatt verrühren und das Obers unterziehen.
Von den Birnenstängeln Alufolie entfernen und die Birnen sofort mit der Creme anrichten und servieren.

Erdbeeren in Riesling-Gelee mit Vanilleobers

Erdbeeren waschen, putzen und gut abtropfen lassen. Erdbeeren halbieren und mit der Schnittfläche nach unten gleichmäßig in Glasschalen oder flache Stielgläser einlegen.

Gelee: Gelatine in kaltem Wasser einweichen. Riesling mit Zucker und Zitronenschale aufkochen. Gelatine ausdrücken und im Riesling auflösen. Zitronensaft einrühren, anschließend durch ein Passiersieb seihen und mit Orangenlikör aromatisieren. Kalt stellen. Sobald das Gelee anzieht (soll aber noch nicht stocken), über die Erdbeeren gießen und das Gelee zum Stocken 2–3 Stunden kalt stellen.

Vanilleobers: Schlagobers mit Vanillezucker cremig aufschlagen. Erdbeeren in Rieslinggelee mit Vanilleobers anrichten.

Zutaten für 6 Portionen

600 g Erdbeeren

Gelee:
5 Blätter Gelatine
½ l Riesling
70 g Kristallzucker
Saft und abgeriebene Schale von 1 Zitrone (unbehandelt)
2 cl (1–2 EL) Orangenlikör (Grand Marnier)

Vanilleobers:
¼ l Schlagobers
2 TL Vanillezucker

Schokolademousse

Schlagobers cremig aufschlagen und kalt stellen. Kuvertüre in Stücke hacken und über Dampf (nicht über 40 °C!) schmelzen.

Ei mit Dottern, Kristall- sowie Vanillezucker verrühren und über Dampf dickcremig aufschlagen. **Hinweis:** Den Schneekessel dabei immer drehen und zügig schlagen, damit sich keine Klümpchen bilden. Kessel vom Dampf nehmen und so lange weiter schlagen, bis die Creme kalt ist (= sog. „kalt schlagen"). ⅓ vom Schlagobers, Schokolade, Weinbrand, Kaffee sowie ⅓ der Eiermasse fest und schnell verrühren. Restliches Schlagobers und restliche Eiermasse behutsam unterrühren.
Schokoladecreme etwa ¾ hoch in Glasschalen füllen, mit Folie zugedeckt im Kühlschrank mindestens 1 Stunde anziehen lassen. Vor dem Servieren die Creme mit Schokoladespänen garnieren und mit Staubzucker bestreuen.

Zutaten für 6 Portionen

450 ml Schlagobers
150 g dunkle Kuvertüre
1 Ei
3 Dotter
1 EL Kristallzucker
1 TL Vanillezucker
1 EL Weinbrand
30 ml starker Kaffee

Schokoladespäne zum Garnieren
Staubzucker zum Bestreuen

Überbackene Feigen

Zutaten für 6 Portionen

Biskuit:
5 Eier
1 TL Vanillezucker
80 g Kristallzucker
80 g Mehl (glatt)
Kristallzucker

Ribiselsauce:
Rezept siehe S. 258

Grundcreme:
1/4 l Kaffeeobers (15% Fett)
40 g Kristallzucker
1 TL Vanillezucker
40 g Butter
Prise Salz
etwa 1 TL Vanillepuddingpulver
2 Dotter
3 cl (2 EL) Mandellikör (Amaretto)
60 ml Schlagobers

18 frische Feigen
3 EL Johannisbeerlikör (Crème de Cassis)
Staubzucker zum Bestreuen

Biskuit: Eier trennen. Dotter mit Vanillezucker cremig rühren. Eiklar mit Kristallzucker zu Schnee schlagen und unter die Dottermasse heben. Mehl einrühren.
Biskuitmasse rechteckig (25 cm x 30 cm) auf ein mit Backtrennpapier ausgelegtes Blech streichen und im vorgeheizten Rohr bei 200 °C etwa 12–15 Minuten backen. Biskuit mit Kristallzucker bestreuen und mit Backpapier bedecken. Biskuit umdrehen und auskühlen lassen.

Ribiselsauce wie beschrieben (S. 258) zubereiten.

Grundcreme: 3/16 vom Kaffeeobers mit Kristall- sowie Vanillezucker, Butter und Salz aufkochen. Restliches Kaffeeobers mit Vanillepuddingpulver und Dottern glatt rühren, in das heiße Kaffeeobers einrühren und unter ständigem Rühren aufkochen. Creme von der Hitze nehmen und – am besten mit dem Handrührgerät – so lange rühren, bis die Creme Zimmertemperatur erreicht hat; mit Folie abdecken und kalt stellen.

Mitgebackenes Backtrennpapier vom Biskuit entfernen und aus dem Biskuit Scheiben (10 cm Durchmesser) ausstechen, auf Teller setzen und mit Johannisbeerlikör beträufeln. Schlagobers steif schlagen.
Grundcreme mit Mandellikör glatt rühren, Schlagobers unterziehen. Creme mithilfe eines Löffels auf den Biskuitscheiben gleichmäßig verstreichen. Die Biskuitscheiben sollen gänzlich mit Creme überzogen sein.

Feigen waschen, vorsichtig die Haut abziehen. Feigen sechsteln, mit der Schnittfläche nach oben auf die Creme legen und mit Staubzucker bestreuen. Tellerränder mit einem feuchten Tuch oder Küchenkrepp sauber- und trockenwischen, damit beim Überbacken nichts anbrennen kann. Teller im Rohr bei starker Oberhitze goldbraun überbacken.
Überbackene Feigentörtchen mit Ribiselsauce überziehen und sofort servieren.

Parfaits

Auch wenn es die Italiener nicht gerne hören: Der kalte Genuss ist nicht ihre Erfindung. Schon die Chinesen vermengten vor 3000 Jahren Schnee mit Früchten. Wenn man den Überlieferungen glauben darf, pflegte Konfuzius (551–479 v. Chr.) seine Gespräche durch genussvolle Pausen zu unterbrechen, in denen er an geeisten Früchten naschte, die er in mannshohen Krügen in seinem Eiskeller aufbewahrte.

Griechen und Römer ließen sich Schnee und Eis vom Olymp holen, um sich nach den Mahlzeiten eine Mischung aus Honig, Schnee, Veilchen, Rosenwasser und Fruchtsäften als erfrischendes Dessert zu gönnen. Und sie horteten Eis in Kellern und gut abgedeckten Erdlöchern, um den Wein kühl und das Fleisch frisch zu halten. Das erinnert mich immer an die Erzählungen meines Vaters, der in seinem Wirtshaus Kühlschränke hatte, die aber ihre Kälte aus Eisblöcken bezogen. Die wurden vom Eismann auf der Schulter, durch einen groben Sack vor der ärgsten Kälte geschützt, ins Haus gebracht. Der Block wurde dann in zwei, drei Teile geschlagen, damit er in den Eisschrank passte.

Eiscreme, mit Obers mollig gemacht, soll von einem Toskaner erfunden und von Katharina von Medici nach Paris gebracht worden sein. Aber darauf verließen sich die eisverliebten Italiener nicht. Erst als der Sizilianer Procopio Coltelli 1662 in Paris vis-a-vis der Comédie Francaise – mit Genehmigung des Königs – die erste allgemein erhältliche Eiscreme verkaufte, begann die Demokratisierung des feudalen Genusses. Aus ganz Europa reisten Menschen dorthin, um sich die eiskalte Verführung zu gönnen. Auch Marie Antoinette soll im Kreise ihrer Hofdamen gerne im Pariser Café Procope handspannengroße Eisstangen aus dem Becher gelöffelt haben.

Wie Chronisten berichten, schleckten die feinen Damen das Eis lieber mit der Zunge, anstatt den dafür vorgesehenen Löffel zu verwenden. Man kann sich vorstellen, welche Provokation das auslöste! Schon bald war jenes besagte Café Lieblingsziel der galanten Pariser Männerwelt! Marie Antoinettes gestrenge Frau Mama, Maria Theresia, hatte für solche „Eskapaden unterm Gefrierpunkt" keinen Sinn und ließ die Züchtigkeit des öffentlichen Eisschleckens durch ihre ins Leben gerufene Keuschheitskommission streng überwachen ... bis Harry Bust aus Ohio den Eislutscher geschäftlich umsetzte und 1923 das Eis am Stiel zum Patent anmeldete.

Parfaits bestehen aus Dottern oder ganzen Eiern, Zucker, Schlagobers und den gewünschten Geschmackszutaten (Früchte, Schokolade usw.). Mit dem Schneebesen über Dampf schlägt man die Masse aus Eiern und/oder Dottern mit Zucker so lange auf, bis sie warm, hellgelb ist. Durch die Wärme gerät die Masse besonders feinporig, aber in der Wärme liegt auch die Gefahr, da das Ei stocken kann. Damit dies nicht passiert, muss die Masse ständig in Bewegung bleiben, anschließend nimmt man die Masse von der Hitze und sie wird – am besten mit dem Handrührgerät – auf Raumtemperatur abgekühlt, also kalt geschlagen.

Danach werden die weiteren Zutaten untergerührt, zuletzt kommen immer Schlagobers und Eischnee. Parfaits immer vor dem Servieren 10 Minuten bei Raumtemperatur antauen lassen. Einmal aufgetautes Parfait nicht mehr tiefkühlen, da sich Keime durch die Unterbrechung der Tiefkühlkette rasch vermehren.

Parfaits immer in geschlossenen oder mit Folie zugedeckten Gefäßen tiefkühlen, da sie sonst austrocknen und an Aroma verlieren.

Die Byzantiner machten aus raffinierten Fruchtmischungen ihre kühlen „Scherbetts". Diese leben als **Sorbets,** also würziges Wassereis, das meist als Intermezzo in der Spitzengastronomie serviert wird, weiter. Ich mag Sorbet als kalorienarme Erfrischung vor oder statt Dessert oder Käsegang.

Während des Gefriervorganges müssen Sorbets öfter umgerührt werden, damit die Eiskristalle nicht zu groß werden und die Masse geschmeidiger wird.

In Süditalien gehört das Granita-Auslöffeln zum täglichen Dolce Vita. Auf Sizilien steht im Sommer sogar eine Granita di caffè morgens auf dem Tisch. Dazu essen die Sizilianer die traditionelle Manuzza, ein Brot in Form einer kleinen Hand.

Granites werden aus den gleichen Zutaten wie Sorbets, allerdings mit geringerem Zuckeranteil, hergestellt; denn in einer schwach gezuckerten Lösung bilden sich beim Gefrieren kleine Eiskristalle, die sich dann als feiner Schnee abschaben lassen.

Tipp: Mischung nur etwa 1 cm hoch in die Form gießen, das beschleunigt den Gefriervorgang, der etwa 5 Stunden dauert.

Kokosparfait mit pochierten Pfirsichen

Zutaten für 8 Portionen

Kokosparfait:
100 g Kokosraspel
½ l Schlagobers
3 Eier
4 Dotter
200 g Kristallzucker
1 TL Vanillezucker
Prise Salz

Pochierte Pfirsiche:
600 g Pfirsiche
1 TL Vanillezucker
150 g Kristallzucker
Saft von 1 Zitrone

evtl. Ribiseln
zum Garnieren

Kokosparfait: Kokosraspel auf ein Blech schütten und im vorgeheizten Rohr bei 200 °C hellbraun rösten. Kokosraspel sofort vom Blech leeren und auskühlen lassen.

Hinweis: Auf dem heißen Blech würden die Kokosraspel noch nachbräunen.

Schlagobers cremig aufschlagen und kalt stellen. Eier mit Dottern, Kristall- sowie Vanillezucker und Salz in einem Schneekessel verrühren und über Dampf mit einer Schneerute zu cremiger Konsistenz aufschlagen, dabei den Schneekessel drehen und zügig schlagen, damit sich keine Klumpen bilden. Schneekessel von der Hitze nehmen, sobald die Creme heiß ist, „kalt schlagen" (so lange weiter schlagen, bis die Masse auf Zimmertemperatur abgekühlt ist). Anschließend ⅓ vom Schlagobers mit den Kokosraspeln unter die Eimasse rühren. Restliches Schlagobers behutsam unter die Creme ziehen. Masse in eine mit Klarsichtfolie ausgelegte Rehrücken- oder Terrinenform füllen, Oberfläche glatt streichen, mit Folie abdecken und mindestens 6 Stunden tiefkühlen. Parfait kurz in heißes Wasser tauchen, aus der Form stürzen und in Scheiben schneiden. Parfait auf gekühlte Teller legen, mit Pfirsichspalten und eventuell Ribiseln dekorativ anrichten.

Pochierte Pfirsiche: Pfirsiche kurz in kochendes Wasser tauchen, in Eiswasser kalt abschrecken und mit einem kleinen, scharfen Messer schälen. 60 ml Wasser mit Kristall- sowie Vanillezucker und Zitronensaft aufkochen. Pfirsiche halbieren, entkernen und in Spalten schneiden. Pfirsichspalten in den Sud einlegen und darin bissfest dünsten.

Variante: Man kann auch ⅓ der Pfirsiche aus dem Sud nehmen, pürieren, restliche ganze Pfirsichspalten in das Püree einlegen.

Zwetschkenparfait

Zutaten für 8 Portionen

Einlage:
etwa 10 Dörrzwetschken*
2 EL Kristallzucker
2–3 EL Zwetschkenbrand oder Sliwowitz

Zwetschkenparfait:
½ l Schlagobers
3 Eier
4 Dotter
180 g Kristallzucker
1 TL Vanillezucker
2 EL Zwetschkenbrand oder Sliwowitz
Prise Salz

Zwetschkensauce:
400 g Zwetschken
Saft von ½ Zitrone
80 g Kristallzucker
1 Zimtstange
1 EL Zwetschkenbrand oder Sliwowitz

Zwetschkenspalten und gehackte Pistazienkerne für die Garnierung

* Tipp: Arbeitsersparnis: Man kann anstelle der marinierten Dörrzwetschken auch Armagnacpflaumen verwenden.

Einlage: Dörrzwetschken unter heißem Wasser waschen, gut abtropfen lassen und in eine Schüssel geben. 5 EL Wasser mit Zucker aufkochen, mit dem Zwetschkenbrand über die Dörrzwetschken gießen; Zwetschken mit Folie zugedeckt mindestens ½ Tag ziehen lassen. Anschließend Dörrzwetschken aus der Marinade nehmen und gut abtropfen lassen.

Zwetschkenparfait: Schlagobers cremig aufschlagen und kalt stellen. Eier mit Dottern, Kristall- und Vanillezucker, Zwetschkenbrand sowie Salz in einem Schneekessel gut verrühren und über Dampf zu cremiger Konsistenz aufschlagen, dabei den Schneekessel drehen und zügig schlagen, damit sich keine Klumpen bilden. Schneekessel von der Hitze nehmen, sobald die Creme heiß ist, „kalt schlagen" (so lange weiter schlagen, bis die Masse auf Zimmertemperatur abgekühlt ist). Anschließend ⅓ vom Schlagobers fest unter die Eiermasse rühren. Restliches Schlagobers behutsam unter die Creme ziehen. Masse in eine mit Klarsichtfolie ausgelegte Rehrücken- oder Terrinenform füllen, dabei jeweils eine Dörrzwetschke in die Parfaitmasse drücken. Oberfläche glatt streichen, mit Folie abdecken und mindestens 6 Stunden tiefkühlen. Parfait kurz in heißes Wasser tauchen, aus der Form stürzen und in Scheiben schneiden. Parfait auf gekühlte Teller legen, mit Zwetschkensauce anrichten und mit Zwetschkenspalten und Pistazien garniert servieren.

Zwetschkensauce: Zwetschken waschen, entkernen, in grobe Stücke schneiden. 5 EL Wasser mit Zitronensaft, Zucker und Zimtstange aufkochen, Zwetschkenspalten einlegen und darin weich kochen. Zimtstange entfernen. Zwetschken pürieren, durch ein Sieb passieren und Zwetschkenbrand einrühren.

Pistazienparfait mit Maraschinoobers

Zutaten für 8 Portionen

Pistazienparfait:
½ l Schlagobers
3 Eier
4 Dotter
180 g Kristallzucker
1 TL Vanillezucker
2 EL Maraschino
Prise Salz
120 g Pistazien, gerieben

Maraschinoobers:
¼ l Schlagobers
2 cl (1–2 EL) Maraschino
1 TL Vanillezucker

Pistazienparfait: Schlagobers cremig aufschlagen und kalt stellen. Eier mit Dottern, Kristall- und Vanillezucker, Maraschino sowie Salz in einem Schneekessel gut verrühren und über Dampf zu cremiger Konsistenz aufschlagen, dabei den Schneekessel drehen und zügig schlagen, damit sich keine Klumpen bilden. Schneekessel von der Hitze nehmen, sobald die Creme heiß ist, „kalt schlagen" (so lange weiter schlagen, bis die Masse auf Zimmertemperatur abgekühlt ist). Anschließend ⅓ vom Schlagobers und die Pistazien fest unter die Eimasse rühren. Restliches Schlagobers behutsam unter die Creme ziehen. Masse in kleine Formen füllen und mit Folie zugedeckt mindestens 6 Stunden tiefkühlen.

Maraschinoobers: Schlagobers mit Maraschino und Vanillezucker kurz vor dem Servieren zu einer dickflüssigen Creme aufschlagen. Pistazienparfait auf Teller stürzen (Formen kurz in heißes Wasser tauchen, dann kommt das Parfait ganz leicht aus der Form) und mit Maraschinoobers anrichten.

Schokoladeparfait mit Rotweinweichseln

Zutaten für 8 Portionen

Schokoladeparfait:
40 g Kakao
60 g dunkle Kuvertüre oder Schokolade (mindestens 60% Kakaoanteil)
2 EL Rum
½ l Schlagobers
3 Eier
4 Dotter
150 g Kristallzucker
1 TL Vanillezucker
Prise Salz

Rotweinweichseln:
2 TL Stärkemehl
¼ l Rotwein
60 g Kristallzucker
1 Zimtstange
400 g Weichselkompott

Schokoladespäne zum Garnieren

Parfait: ⅛ l Wasser mit Kakao aufkochen; von der Hitze nehmen. Kuvertüre grob hacken und im Kakao schmelzen. Rum einrühren und mit dem Stabmixer kurz pürieren, anschließend kalt stellen.

Schlagobers cremig aufschlagen und kalt stellen. Eier mit Dottern, Kristall- und Vanillezucker sowie Salz in einem Schneekessel gut verrühren und über Dampf zu cremiger Konsistenz aufschlagen, dabei den Schneekessel drehen und zügig schlagen, damit sich keine Klumpen bilden. Schneekessel von der Hitze nehmen, sobald die Creme heiß ist, „kalt schlagen" (so lange weiter schlagen, bis die Masse auf Zimmertemperatur abgekühlt ist). Anschließend ⅓ vom Schlagobers fest mit der Eiermasse und der Schokolade gut verrühren. Restliches Schlagobers behutsam unter die Creme ziehen. Masse in kleine Formen füllen und mit Folie zugedeckt mindestens 6 Stunden tiefkühlen.

Rotweinweichseln: Stärkemehl in etwas Rotwein glatt rühren. Restlichen Rotwein mit Zucker, Zimtstange aufkochen, Stärke einrühren und bei geringer Hitze einkochen lassen, bis die Sauce bindet. Weichseln gut abtropfen lassen und untermengen. Eventuell nachsüßen und etwas überkühlen lassen.

Schokoladeparfait auf Teller stürzen, mit lauwarmen Rotweinweichseln anrichten und mit Schokoladespänen garnieren.

Joghurt-Erdbeerparfait

Zutaten für 8 Portionen

Joghurt-Erdbeerparfait:
150 g Erdbeeren
Saft von ½ Zitrone
120 g Joghurt (3,6% Fett)
350 ml Schlagobers
3 Eier
4 Dotter
180 g Kristallzucker
1 TL Vanillezucker
Prise Salz

Joghurtsauce:
120 g Joghurt
Staubzucker oder Honig
etwas Zitronensaft

Erdbeersauce:
250 g Erdbeeren
80 g Staubzucker
Saft von ¼ Zitrone

Joghurt-Erdbeerparfait: Erdbeeren waschen, putzen, pürieren (**Hinweis:** Einige schöne ganze Früchte für die Garnierung beiseite geben) und mit Zitronensaft sowie Joghurt glatt rühren. Schlagobers cremig aufschlagen und kalt stellen. Eier mit Dottern, Kristall- und Vanillezucker sowie Salz in einem Schneekessel gut verrühren und über Dampf zu cremiger Konsistenz aufschlagen, dabei den Schneekessel drehen und zügig schlagen, damit sich keine Klumpen bilden. Schneekessel von der Hitze nehmen, sobald die Creme heiß ist, „kalt schlagen" (so lange weiter schlagen, bis die Masse auf Zimmertemperatur abgekühlt ist). Anschließend ⅓ vom Schlagobers und der Joghurt-Erdbeermasse unter die Eiermasse rühren. Restliches Schlagobers behutsam unter die Creme ziehen. Masse in kleine Formen füllen und mit Folie zugedeckt mindestens 6 Stunden tiefkühlen.

Joghurtsauce: Joghurt mit Zucker oder Honig sowie einem Spritzer Zitronensaft glatt rühren und kalt stellen.

Erdbeersauce: Erdbeeren waschen, putzen und gut abtropfen lassen, mit Staubzucker pürieren und durch ein Passiersieb streichen. Sauce mit Zitronensaft und Staubzucker abschmecken.

Erdbeerparfait auf Teller stürzen, mit den Saucen anrichten und mit Erdbeeren garniert servieren.

Eisauflauf mit Kräuterlikör

Zutaten für 8 Portionen

½ l Schlagobers
4 Dotter
120 g Kristallzucker
1 TL Vanillezucker
Prise Salz
3–4 EL Kräuterlikör

Kakao

8 kleine Auflaufformen mit Backpapier oder Pergamentpapier so umwickeln, dass das Papier etwa 3 cm über den Formenrand hinaussteht. Mit einem Klebeband fixieren (Illustration).

Schlagobers in eine Schüssel gießen und tiefkühlen, bis das Obers am Gefäßrand ein wenig anfriert. Anschließend Schlagobers mit dem Handrührgerät mit geringer Geschwindigkeit langsam aufschlagen und wieder in den Kühlschrank stellen.

Dotter mit Kristall- und Vanillezucker, 3 EL Wasser sowie Salz in einem Schneekessel gut verrühren und über Dampf zu cremiger Konsistenz aufschlagen, dabei den Schneekessel drehen und zügig schlagen, damit sich keine Klumpen bilden. Schneekessel von der Hitze nehmen, sobald die Creme heiß ist, „kalt schlagen" (so lange weiter schlagen, bis die Masse auf Zimmertemperatur abgekühlt ist). Anschließend ⅓ vom Schlagobers mit Kräuterlikör fest unter die Eiermasse rühren. Restliches Schlagobers behutsam unter die Creme ziehen. Masse bis 2 cm über den Förmchenrand in die vorbereiteten Formen füllen, Formen auf die Arbeitsfläche aufklopfen, damit sich die Parfaitmasse gleichmäßig verteilt, und mit Folie zugedeckt mindestens 6 Stunden tiefkühlen.

Vor dem Anrichten die Papierstreifen entfernen und Parfait mit Kakao bestreuen. In der Form, eventuell mit Teegebäck, servieren.

Tipp: Beim Eissoufflé Grand Marnier verwendet man statt Kräuterlikör Grand Marnier.

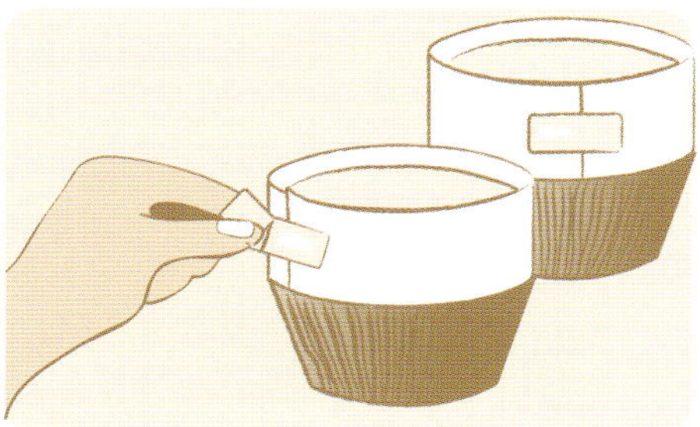

Mohnparfait mit Rumbeeren

Zutaten für 6 Portionen

Mohnparfait:
½ l Schlagobers
150 g Kristallzucker
1 TL Vanillezucker
Prise Salz
30 g Graumohn, fein gemahlen
1 Ei
4 Dotter

Rumbeeren:
400 g gemischte Beeren
Staubzucker
4 cl (2–3 EL) Rum

Schlagobers mit der ½ Menge Kristallzucker, Vanillezucker, Salz sowie Mohn erhitzen (nicht kochen!).
Ei mit Dottern und restlichem Kristallzucker in einem Schneekessel verrühren und über Dampf mit einer Schneerute zu cremiger Konsistenz aufschlagen, dabei den Schneekessel drehen und zügig schlagen, damit sich keine Klumpen bilden. Schneekessel von der Hitze nehmen, sobald die Creme heiß ist.

Mohn in die Eimasse rühren und langsam unter ständigem Rühren auf 80 °C erhitzen. Anschließend Masse mit dem Stabmixer pürieren und in kaltem Wasserbad auf Zimmertemperatur abkühlen lassen; dabei immer wieder umrühren. Mit Frischhaltefolie zugedeckt etwa 12 Stunden kalt stellen (nicht tiefkühlen!).

Creme aus dem Kühlschrank nehmen und im Mixer bei geringer Geschwindigkeit steif schlagen. Parfaitmasse in 6 kleine Formen (oder in eine mit Frischhaltefolie ausgelegte Rehrücken- bzw. Parfaitform) füllen, mit Folie zugedeckt mindestens 6 Stunden tiefkühlen.
Förmchen (oder Form) kurz in heißes Wasser tauchen, auf kalte Teller stürzen (bzw. in Scheiben schneiden und auf Teller geben) und mit Rumbeeren anrichten.

Rumbeeren: Beeren waschen, putzen und gut abtropfen lassen. Früchte in eine Schüssel geben, mit Staubzucker bestreuen, mit Rum beträufeln und gut vermengen.
Mit Frischhaltefolie zugedeckt etwa 2–3 Stunden ziehen lassen.

Apfelsauce

Zutaten für 6–8 Portionen

350 g Äpfel
(z. B. Elstar, Jonagold)
1/16 l Weißwein oder Wasser
Saft von 1 Zitrone
etwa 80 g Kristallzucker
1 kleine Zimtstange
etwas Apfelbrand

Äpfel waschen, schälen, vierteln, Kerngehäuse ausstechen und die Äpfel in Viertel schneiden. 1/16 l Wasser mit Weißwein, Zitronensaft, Kristallzucker, Zimtstange und einigen Apfelschalen aufkochen (**Hinweis:** Durch die Apfelschalen bekommt der Kochsud einen viel intensiveren Geschmack). Anschließend Schalen aus dem Sud entfernen, die Apfelviertel in den Kochsud geben und darin weich kochen. Von der Hitze nehmen und die Äpfel im Sud mit einem Stabmixer pürieren. Apfelsauce auskühlen lassen und mit Apfelbrand verfeinern.

Erdbeersauce

Zutaten für ca. 4 Portionen

150 g Erdbeeren
50 g Staubzucker
Saft von 1/4 Zitrone

Erdbeeren waschen, putzen und gut abtropfen lassen; mit Staubzucker und Zitronensaft pürieren.

Heidelbeersauce

Zutaten für etwa 300 ml

200 g Heidelbeeren, verlesen, gewaschen
70 g Kristallzucker

100 g Heidelbeeren mit 40 ml Wasser sowie Kristallzucker aufkochen, mit einem Stabmixer gut pürieren, nochmals aufkochen. Restliche Heidelbeeren beifügen, durchschwenken und auskühlen lassen.

Himbeersauce

Zutaten für etwa 1/4 Liter

250 g Himbeeren
60 g Staubzucker

Himbeeren waschen, gut abtropfen lassen und mit Zucker pürieren; durch ein Sieb streichen.

Kaffeesauce

Zutaten für 4 Portionen

10 g Vanillepuddingpulver (oder Stärkemehl)
1/8 l starker Kaffee
1 Dotter
1/8 l Kaffeeobers (15% Fett)
70 g Kristallzucker
1 TL Vanillezucker
Prise Salz

Vanillepuddingpulver mit etwas Kaffee und Dotter verrühren. Restlichen Kaffee mit Kaffeeobers, Kristall- und Vanillezucker sowie Salz aufkochen. Kaffee-Dottermischung einrühren und unter ständigem Rühren so lange kochen, bis die Sauce cremig ist. **Tipp:** Die Sauce eventuell über Dampf warm halten.

Karamellsauce

Zutaten für etwa 300 ml

2 TL Vanillepuddingpulver
1/4 l Milch
150 g Kristallzucker

Vanillepuddingpulver mit etwas kalter Milch glatt rühren, restliche Milch auf etwa 80 °C erwärmen. Eine Pfanne erhitzen, etwa 1/4 vom Zucker darin hellbraun schmelzen, wieder 1/4 Zuckermenge beifügen (Hitze eventuell reduzieren), hell karamellisieren lassen, Vorgang so lange wiederholen, bis der gesamte Zucker aufgebraucht und hellbraun geschmolzen ist. Sofort mit der halben Milchmenge ablöschen. **Vorsicht:** Kocht stark auf, deshalb muss die Pfanne groß genug sein. Restliche Milch dazugießen. Ziehen lassen, bis der Karamell vollständig aufgelöst ist (eventuell mit einem Stabmixer pürieren, bis keine Klümpchen mehr vorhanden sind). Vanillepuddingmilch beifügen und unter ständigem Rühren kochen lassen, bis eine sämige Sauce entstanden ist.

Mandelsauce

Zutaten für etwa 1/4 l

1/4 l Milch
40 g Kristallzucker
1 TL Vanillezucker
Prise Salz
10 g Vanillepuddingpulver
1 Dotter
1 Schuss Mandellikör

3/16 l Milch mit Kristall- und Vanillezucker sowie Salz aufkochen. Restliche Milch mit Vanillepuddingpulver und dem Dotter glatt rühren und unter Rühren in die kochende Milch gießen. Sauce mit Mandellikör abschmecken.

Marillensauce

Zutaten für 6 Portionen

300 g Marillen
80 g Kristallzucker
Saft von ½ Zitrone
½ Zimtstange

Marillen waschen, entkernen, vierteln und mit 1/16 l Wasser sowie den restlichen Zutaten aufkochen; Marillen weich kochen. Zimtstange entfernen und Sauce pürieren. Hinweis: Eventuell mit Zitronensaft sowie Zucker abschmecken.

Preiselbeersauce

Zutaten für ca. 6 Portionen

250 g Preiselbeeren
150 g Staubzucker

Preiselbeeren verlesen und putzen, waschen, mit Staubzucker mit dem Mixer ca. 10 Minuten langsam rühren und ziehen lassen. Diesen Vorgang so oft wiederholen, bis der Zucker vollständig aufgelöst ist.

Ribiselsauce

Zutaten für 6 Portionen

150 g Ribiseln
80 g Staubzucker
3 cl (2 EL) Johannisbeerlikör (Crème de Cassis)

Ribiseln waschen, abrebeln, mit 1/16 l Wasser, Staubzucker, Zimtstange aufkochen, kurz pürieren (**Hinweis:** Die Kerne sollen ganz bleiben, pürierte Kerne machen die Sauce bitter). Ribiselpüree durch ein Sieb streichen, mit Likör verrühren und kalt stellen.
Tipp: Genauso macht man auch schwarze Ribiselbeersauce.

Schokoladesauce 1

Zutaten für etwa 200 ml

1 TL Vanillezucker
100 g Kristallzucker
100 g dunkle Kuvertüre
1 EL Rum

50 ml Wasser mit Vanille- und Kristallzucker aufkochen; von der Hitze nehmen, Schokolade und Rum einrühren. Schokoladesauce mit dem Stabmixer kurz aufmixen und etwas überkühlen lassen.

Schokoladesauce 2

Zutaten für etwa 400 ml

250 ml Schlagobers
80 g Milchkuvertüre
120 g dunkle Kuvertüre

Schlagobers aufkochen, beide Kuvertüren grob hacken, einrühren und schmelzen lassen. Schokoladesauce mit dem Stabmixer kurz aufmixen und warm halten.

Vanillesauce

Zutaten für 5 Portionen

1 Vanilleschote
1/4 l Milch
60 g Kristallzucker
Prise Salz
10 g Vanillepuddingpulver
1 Dotter

Vanilleschote der Länge nach aufschneiden. 3/16 l Milch mit Kristallzucker, Vanilleschote sowie Salz aufkochen. Restliche Milch mit Vanillepuddingpulver und dem Dotter glatt rühren und unter Rühren in die kochende Milch gießen. Vanilleschote entfernen.

Weinsauce

10 g Stärkemehl
250 ml Weißwein (Riesling)
80 g Kristallzucker
1 kleine Zimtstange
Schale von 1 Zitrone (unbehandelt)
250 g kernlose Weintrauben, gewaschen und geputzt

Stärkemehl mit etwas Weißwein glatt verrühren. Restliche Zutaten (bis auf die Weintrauben) aufkochen. Stärkemehl einrühren und sämig einkochen lassen. Zimtstange sowie Zitronenschale entfernen. Trauben untermengen, nochmals aufkochen und von der Hitze nehmen.

Williamssauce

Zutaten für 6 Portionen

12 g Vanillepuddingpulver
1/4 l Milch
1 Dotter
70 g Kristallzucker
Prise Salz
2 cl (1–2 EL) Williamsbrand

Vanillepuddingpulver mit etwas kalter Milch sowie dem Dotter glatt rühren. Restliche Milch mit Kristallzucker sowie Salz aufkochen. Vanille-Dotter-Milch unter Rühren in die kochende Milch gießen, unter ständigem Rühren cremig einkochen. Auskühlen lassen, Williamsbrand einrühren. Sauce mit dem Stabmixer pürieren.
Hinweis: Sollte die Sauce zu dünn sein, eventuell mit etwas geschlagenem Obers sämig rühren.

Zimtsauce

Zutaten für 6 Portionen

1/4 l Milch
70 g Kristallzucker
1 TL Vanillezucker
Salz
2 Zimtstangen
10 g (etwa 1 TL) Vanillepuddingpulver
1 Dotter

1/16 l Milch mit Kristall- und Vanillezucker, Salz und Zimtstangen aufkochen, von der Hitze nehmen und etwa 10 Minuten ziehen lassen. Restliche Milch mit Vanillepuddingpulver und Dotter verquirlen. Zimtstangen aus der Milch entfernen, Milch nochmals aufkochen und Vanille-Dottermilch in die Zimtmilch einrühren. Sauce unter ständigem Rühren kochen, bis sie bindet. Auskühlen lassen und kalt stellen.
Zimtsauce vor dem Servieren mit dem Stabmixer aufmixen.

Kompotte

Zutaten für 4 Portionen

3 Äpfel (z. B. Elstar, Golden Delicious)
Saft und Schale von 1 Zitrone (unbehandelt)
⅛ l Weißwein (trocken)
½ Zimtstange
3–4 Gewürznelken
50 g Kristallzucker

Apfelkompott

Äpfel waschen, schälen, entkernen und achteln. Äpfel mit Zitronensaft beträufeln. ⅛ l Wasser mit restlichem Zitronensaft, Zitronenschale, Weißwein, Zimtstange, Gewürznelken und Kristallzucker aufkochen. Äpfel darin zugedeckt weich dünsten; Apfelkompott leicht überkühlen lassen.

Zutaten für 6 Portionen

400 g Marillen
120 g Kristallzucker
3 cl (2 EL) Marillenbrand
Schale und Saft von ½ Zitrone (unbehandelt)
½ Zimtstange

Marillenröster

Marillen waschen, halbieren, entkernen und in Spalten schneiden. 40 ml Wasser mit Zucker, Zitronensaft und -schale, Zimtstange sowie Marillenbrand aufkochen. Marillenspalten einlegen und zugedeckt bei geringer Hitze weich kochen. Aufpassen, soll nicht zerkochen!
Hinweis: Man kann den Alkohol auch weglassen.

Zutaten für 4 Portionen

4 Birnen (am besten Williams Christ)
120 g Kristallzucker
Saft von 1 Zitrone
4 cl (2–3 EL) Williamsbrand

Pochierte Birnen

Birnen waschen, schälen, halbieren, entkernen. Kristallzucker mit Zitronensaft, Williamsbrand sowie ⅜ l Wasser aufkochen. Birnenhälften einlegen und bissfest kochen. Birnen im Sud auskühlen lassen; anschließend herausheben, gut abtropfen lassen und evtl. in dünne Spalten schneiden.

Rotweinkirschen

Zutaten für 5 Portionen

10 g Stärkemehl
250 ml Rotwein
80 g Kristallzucker
1 kleine Zimtstange
1 Stück Zitronenschale
250 g entstielte, entkernte Kirschen oder Weichseln

Stärkemehl mit etwas Rotwein verrühren. Restliche Zutaten – bis auf die Kirschen – aufkochen und den Sud durch Einrühren des Stärkemehls binden. Zimtstange und Zitronenschale entfernen, Kirschen beifügen und nochmals aufkochen lassen.

Tipp: Anstelle von frischen Kirschen oder Weichseln kann man auch Früchte aus dem Glas (Dose) verwenden. Diese abseihen und gut abtropfen lassen.

Zwetschkenröster

Zutaten für 8 Portionen (als Beilage)

600 g Zwetschken
150 g Kristallzucker
Saft von ½ Zitrone
1 Zimtstange
1 TL Zwetschkenbrand (Sliwowitz)

Zwetschken waschen, entkernen und vierteln; mit 50 ml Wasser und den restlichen Zutaten aufkochen und zugedeckt weich dünsten. Zimtstange entfernen, Sliwowitz beifügen und den Röster auskühlen lassen.

Baumkuchen

Zutaten für 1 Wanne
(24 cm x 30 cm x 4 cm)

250 g Butter
7 Eier
200 g Rohmarzipan
100 g Staubzucker
2 TL Vanillezucker
Schale von ½ Zitrone
Prise Salz
70 g Stärkemehl
150 g Kristallzucker
110 g Mehl (glatt)

Butter in kleine Stücke schneiden und bei Zimmertemperatur weich werden lassen.
Eier trennen. Dotter mit Rohmarzipan glatt verrühren. Staub- und Vanillezucker, Zitronenschale sowie Salz beifügen und cremig rühren.
Butter und Stärkemehl beifügen und cremig schlagen.
Eiklar mit Kristallzucker zu Schnee schlagen. ⅓ vom Schnee mit der Dottermasse gut verrühren; restlichen Schnee abwechselnd mit dem Mehl unterheben.

Wannenform mit Alufolie auslegen. Baumkuchenmasse möglichst dünn (maximal 3 mm hoch) in die Form streichen und im vorgeheizten Rohr bei 250 °C Oberhitze kurz hellgold backen. Aus dem Rohr nehmen, wieder eine dünne Schicht auftragen und goldbraun backen. Vorgang so lange wiederholen, bis die gesamte Masse aufgebraucht und gebacken ist.

Vorrats-Tipp: Der Baumkuchen ist in Frischhaltefolie gewickelt im Kühlschrank ohne Qualitätsverlust 2 Wochen lagerfähig. Tiefgekühlt noch bedeutend länger.

Butterstreusel

250 g Mehl (glatt)
180 g Butter, in kleine Würfel geschnitten
60 g Rohmarzipan, kleinwürfelig geschnitten
100 g Staubzucker
1 MS Backpulver
⅓ Packung Vanillezucker
Prise Salz
1 MS Zimt

Alle Zutaten rasch zusammenkneten und zwischen den Fingern zu Streuseln verarbeiten. Etwa 10 Minuten kalt stellen; anschließend die Streusel auf ein mit Backtrennpapier ausgelegtes Blech legen und im vorgeheizten Rohr bei 165–170 °C etwa 18–20 Minuten goldgelb backen. Noch heiß mit einer Spachtel (Teigkarte) in gewünschte Größe hacken.

Streusel, Ausbackteige

Erdäpfelteig

Zutaten für etwa 4 Portionen

400 g mehlige Erdäpfel
100 g Mehl (griffig)
1 EL Weizengrieß
Prise Salz
30 g Butter
1 Dotter

Mehl zum Ausarbeiten

Erdäpfel waschen, kochen, schälen, etwas ausdampfen lassen und noch heiß durch die Erdäpfelpresse drücken. Es sollte etwa 250 g Erdäpfelmasse ergeben. Die noch warme Masse mit Mehl, Grieß, Salz, Butter und Dotter rasch zu einem Erdäpfelteig verarbeiten. Laut individuellem Rezept weiterverarbeiten.

Wichtig: Immer eine Kochprobe machen. Ist der Teig zu weich, mit etwas Mehl oder Grieß zur richtigen Konsistenz bringen.

Dieser Teig eignet sich für Obstknödel, Powidltascherln (oder andere Fruchttascherln), Mohn-, Nuss-, Brösel- oder Grießnudeln.

Topfenteig

Zutaten für etwa 6 Portionen

60 g weiche Butter
Schale von ½ Zitrone (unbehandelt), abgerieben
1 Päckchen Vanillezucker
kleine Prise Salz
250 g Topfen (10% Fett), passiert
1 Ei
150 g Mehl (glatt)

Butter, Zitronenschale, Vanillezucker, Salz schaumig rühren. Topfen und Ei nach und nach unterrühren. Zum Schluss das Mehl rasch unterziehen. Topfenteig auf Backtrennpapier gießen, flach drücken, mit Frischhaltefolie zugedeckt im Kühlschrank etwa 1–2 Stunden rasten lassen.

Der Teig eignet sich wunderbar für Obstknödel (Erdbeer-, Marillen-, Himbeerknödel), Topfentascherln und Topfennudeln.

Weinbackteig

Zutaten für 6 Portionen

2 Eier
140 g Mehl (glatt)
⅛ l Weißwein
2 EL Öl oder zerlassene Butter
Schale von ½ Zitrone (unbehandelt), abgerieben
1 TL Vanillezucker
15 g Kristallzucker
Prise Salz

Eier trennen. Mehl mit Weißwein, Öl, Dottern, Zitronenschale, Vanille- sowie Kristallzucker und Salz glatt verrühren. Teig eventuell mit dem Stabmixer pürieren oder durch ein Sieb passieren. Eiklar mit Kristallzucker zu leichtem Schnee schlagen und unterheben.

Variation: Milchbackteig oder Bierbackteig genauso zubereiten, nur anstelle von Wein wird Milch bzw. Bier verwendet.

Grundrezepte Cremen

Buttercreme

Zutaten für etwa 900 g

- 1/4 l Milch
- 200 g Kristallzucker
- 2 TL Vanillezucker
- Prise Salz
- 30 g Vanillepuddingpulver oder Stärkemehl
- 1 Dotter
- 400 g Butter

1/16 l von der Milch mit 100 g Kristallzucker, Vanillezucker und Salz aufkochen. Restliche Milch mit Vanillepuddingpulver sowie dem Dotter glatt verrühren und in die kochende Milch gießen. Unter ständigem Rühren mit der Schneerute aufkochen lassen und so lange kochen, bis sich der Geschmack des Puddingpulvers verflüchtigt hat. Creme in eine Schüssel füllen und mit dem restlichen Kristallzucker verrühren, bis sie lauwarm ist. 100 g Butter einrühren und weiterrühren – am besten mit dem Handrührgerät –, bis die Creme auf Zimmertemperatur abgekühlt ist (= „kalt schlagen"). Restliche Butter einrühren und mit der Creme flaumig rühren. Buttercreme verarbeiten oder kalt stellen, vor der Verwendung wieder cremig aufrühren.

Parisercreme

Zutaten für etwa 600 g

- 300 g dunkle Kuvertüre
- 300 g Schlagobers
- 80 g Nussnougat

Kuvertüre in kleine Stücke hacken. Schlagobers aufkochen, von der Hitze nehmen, Schokolade beifügen und verrühren, bis sie vollständig geschmolzen ist. Nussnougat dazugeben und die Masse mit dem Stabmixer etwa 1 Minute pürieren. Anschließend in ein flaches Gefäß gießen und anziehen lassen, dabei soll die Creme dickflüssig, aber nicht fest werden.

Vanillecreme

Zutaten für etwa 750 g

- 1/2 l Milch
- 120 g Kristallzucker
- 2 TL Vanillezucker
- Prise Salz
- 40 g Vanillepuddingpulver oder Stärkemehl
- 2 Dotter
- Staubzucker

1/8 l Milch mit Kristall- sowie Vanillezucker und Salz aufkochen. Restliche Milch mit Vanillepuddingpulver und Dottern glatt verrühren, in die kochende Milch einrühren und unter ständigem Rühren mit der Schneerute aufkochen lassen und so lange kochen, bis sich der Geschmack des Puddingpulvers verflüchtigt hat. Creme in eine Schüssel füllen, mit Staubzucker bestreuen und auskühlen lassen. Creme mit Folie zugedeckt kalt stellen.

Verschlossen und gekühlt ist die Vanillecreme etwa 4 Tage ohne Qualitätsverlust haltbar.

Temperieren von Kuvertüre

Es gibt verschiedene Methoden Kuvertüre gebrauchsfertig zu machen, die etwas Gespür und Erfahrung brauchen:

1. Kuvertüre hacken (es gibt sie auch in Linsenform). Gleichmäßig langsam bis zu einer Temperatur von 33 °C erwärmen.
2. Kuvertüre im Wasserbad oder in der Mikrowelle schmelzen, ca. ¾ der Kuvertüre auf eine Steinplatte gießen und so lange mit einer Spachtel tablieren, bis die Kuvertüre zu stocken (bei ca. 25–26 °C) beginnt. Sofort mit restlicher Kuvertüre verrühren und auf 32–33 °C vorsichtig erwärmen.
3. Kuvertüre schmelzen, geriebene oder gehackte Kuvertüre nach und nach dazugeben und verrühren bis sie zu stocken beginnt (bei ca. 25–26 °C). Dann vorsichtig auf 32–33 °C erwärmen.

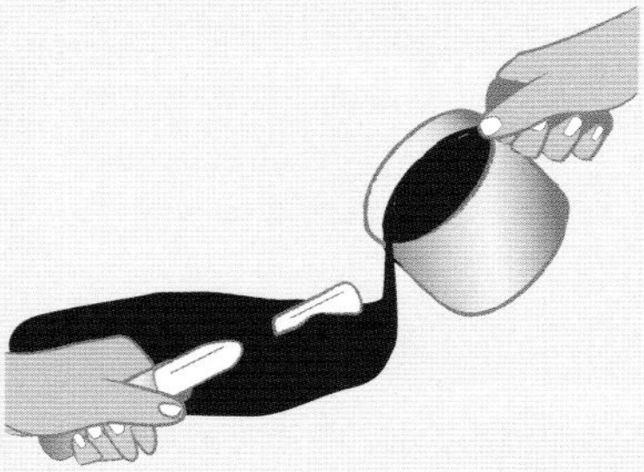

Tipps:

- Falls noch ganze Stücke in der Kuvertüre sind, vorsichtig mit einem Stabmixer glatt rühren (Achtung: keine Luftblasen!).
- Um Geschmacksveränderungen zu vermeiden, sollte dunkle nicht über 50 °C, Milch- und weiße Kuvertüre nicht über 40 °C erwärmt werden.
- Um einen optimalen Glanz zu erzielen, sollten die Kuchen oder Kekse Raumtemperatur (21–22 °C) und die Kuvertüre ca. 31–33 °C haben.
- Sollte die Kuvertüre zu dick sein, kann man sie mit erwärmter Kakaobutter verdünnen.

Statt Kuvertüre zu temperieren, kann man folgende Glasur verwenden:
100 g dunkle Kuvertüre
100 g fertige Schokoladeglasur oder Fertigglasur-Masse
20 g Kokosfett
Kuvertüre und Schokoladeglasur im Mikrowellenherd oder Wasserbad auflösen (nicht über 40 °C); zwischendurch immer wieder durchrühren, Kokosfett extra auflösen und mit der Schokolade mischen. Glasur auf ca. 36–38 °C abkühlen und verarbeiten.

Backformen

Gugelhupf, Rehrücken, Kranzkuchen, Reindling – ohne die jeweilige Backform hätte keine dieser Mehlspeisen ihr typisches Aussehen.

Backformen dienen bereits seit mehreren tausend Jahren dazu, Gebäck eine bestimmte Form zu verleihen. Die ursprünglichen Materialien der Formen waren Stein, Holz, Ton, Kupfer und Gusseisen. Als Backformenvorlage dienten zunächst Tier- und Pflanzenmotive, aber auch Symbole aus Mythologie und Christentum, die meist kultische Bedeutung hatten.

Im Mittelalter wurden dann zusätzlich aus Holz geschnitzte Model verwendet. Der in diese Hohlformen gedrückte Teig gab nach dem Backen Motive der Formen bis in kleine Details wieder.

Backformen haben den Zweck, Teig „zusammenzuhalten", vorm Verbrennen zu schützen und dem Backgut eine bestimmte Form zu verleihen. Außerdem sollen sie ein gutes Durchbacken und ein leichtes Lösen des Backgutes aus der Form ermöglichen.

Heute wird eine breite Palette an Backformen angeboten, einige Punkte sind jedoch von allgemeiner Gültigkeit im Umgang mit Backformen:

- Farben beeinflussen die Backzeit: Dunklere Formen bedingen eine kürzere Backzeit als helle Formen gleichen Materials und Inhalts. Backgut bräunt in dunkleren Formen schneller als in hellen.
- Teig braucht in Formen mit großem Füllinhalt länger zum Durchbacken als in kleineren, flachen Formen. In einer Kastenform benötigt die gleiche Menge Teig eine längere Backzeit als in einer flachen Form. Daher Achtung (!) beim Abändern von Zutatenmengen.
- Bei beschichteten Formen Kuchen und Torten nie auf dem Formboden schneiden, Kuchenreste nicht mit spitzen Gegenständen aus der Form kratzen.
- Bei Formen aus Glas ist zu beachten, dass Glas die Hitze nur sehr langsam, dafür sehr gleichmäßig an das Backgut abgibt und daher – wie auch bei Formen aus Keramik und feuerfestem Porzellan – eine Verlängerung der Backzeit notwendig ist.

Einige Backformen

Dariolform: Für Stürzcremen, Mohr im Hemd, Puddings.
Gugelhupfform: Zum Backen von gerührten Teigen und schweren Massen. In verschiedensten Varianten.
Kapselrahmen: Ausziehbarer Rahmen, dadurch individuell verstellbar, zum Backen und zum Einsetzen von Schnitten.
Kranzform: Zum Backen von gerührten Teigen und schweren Massen; glatt oder gerippt.
Obsttortenform: Für Kuchen, Pies, Quiches; rund, glatt oder gerippt, hoch oder niedrig.
Rehrückenform: Zum Backen von Sandmassen; konisch oder rund.
Schaumrollenform: Zum Umwickeln mit Blätterteig für Schaumrollen usw., spitz, leicht konisch oder gerade.
Springform: Zum seitlichen Öffnen, mit verschiedenen Einsätzen.
Tortenreifen:
Tortenring: In unterschiedlichen Größen und Höhen, verstellbar zum Backen; in Kunststoff zum Einsetzen von Oberstorten.

Fachbegriffe

Abglänzen	Lebkuchen, Früchte, Makronen mit Läuterzucker, Tortengelee dünn bestreichen.
Abrebeln	Beerenfrüchte von den Stängeln abstreifen, abzupfen.
Auswalken	Teig mit einem Nudelholz ausrollen.
Dampfl	Ansatz (Vorteig) aus Hefe
Fondant	konzentrierte Zuckerlösung zum Glacieren von Mehlspeisen, die im Konditorfachhandel (Konditorbedarf) erhältlich ist.
Geklärte Butter	Butter schmelzen. Aufsteigenden Schaum von der Oberfläche abschöpfen.
Kalt schlagen	Über Dampf warm aufgeschlagene Masse von der Hitze nehmen und so lange weiter schlagen, bis die Masse Zimmertemperatur erreicht hat.
Läuterzucker	Wasser und Zucker im Verhältnis 1:1 aufkochen und kalt stellen. Läuterzucker ist gut verschlossen im Kühlschrank einige Wochen haltbar.
Melieren	verschiedene Zutaten behutsam unterziehen.
Passieren	Früchte, Topfen oder Cremen durch ein engmaschiges Sieb oder Passiertuch drücken.
Soufflieren	luftig aufgehen.
Stupfen	Mürb- oder Blätterteig mit einer Gabel mehrmals einstechen, es verhindert die Blasenbildung und unregelmäßiges Aufgehen des Teiges beim Backen.
Tablieren	Den bis zu einem bestimmten Grad gekochten Zucker am Kesselrand oder auf einer Marmorplatte bearbeiten. Geschmolzene Kuvertüre wird ebenfalls zur richtigen Verarbeitung auf Marmor tabliert. Illustration siehe S. 265
Tunkmasse	Österreichische Bezeichnung für Kuvertüre. Feinste Schokolade mit weniger Zucker und höherem Kakaobestandteilen. Man unterscheidet zwischen Bitter-, Milch- und weißer Kuvertüre sowie Spezialsorten.

1 Ei = 50 g | 1 Dotter = 20 g | 1 Eiklar = 30 g

Glossar

Biskotten	Löffelbiskuit
Brandteigkrapferl	Windbeutel
Erdäpfel	Kartoffeln
Germ	Hefe
Golatsche	Plundergebäck
Gugelhupf	Napfkuchen
Gummimaxe	Teigspatel mit Stiel
Kaffeeobers	Sahne mit 15% Fettgehalt
Knödel	Klöße
Kokosette	Kokosraspel
Marillen	Aprikose
Maroni	Kastanien, Marone
Nockerln	Klößchen
Palatschinken	dünne Pfannkuchen
Powidl	Pflaumenmus
Ribiseln	Johannisbeeren
Sauerrahm	saure Sahne
Schlagobers	Schlagsahne
Stanitzel	spitzes Papiertütchen, Spritztüte
Staubzucker	Puderzucker
stocken	fest werden
Tascherln	Teigtaschen
Teigkarte	Teigschaber
Topfen	Quark
Zwetschken	Pflaumen

Register

Apfelkompott ... 260
Apfelnockerln ... 47
Apfelpastete ... 90
Apfelsauce ... 256
Apfelstreuselkuchen ... 140
Apfelstrudel ... 16
Arme Ritter ... 110
Backteig siehe Weinbackteig ... 263
Bananenkuchen ... 152
Bananenschnitten ... 224
Baumkuchen ... 262
Besoffene Kapuziner ... 55
Birnen im Strudelteig ... 28
Birnenkuchen ... 154
Birnenstrudel ... 18
Biskotten ... 184
Biskuitboden ... 181
Biskuitmasse ... 210
Biskuitroulade ... 222
Blätterteig ... 118
Blätterteigtörtchen ... 134
Böhmische Dalken ... 79
Brandteig ... 120
Brandteigkrapfen ... 138
Bratäpfel ... 237
Buchteln ... 124
Buttercreme ... 264
Butterstreusel ... 262
Creme von schwarzen Ribiseln ... 232
Cremeschnitten ... 214
Dattel-Feigenkuchen ... 155
Dattelstrudel ... 26
Dinkel-Mandelkekse ... 176
Eisauflauf ... 253
Erdäpfelteig ... 263
Erdbeer-Obers-Torte ... 182
Erdbeer-Schaumschnitten ... 122
Erdbeeren in Riesling-Gelee ... 241
Erdbeerknödel ... 38
Erdbeersauce ... 256
Esterházyschnitten ... 212
Florentiner ... 168
Fruchtplunder ... 132
Fruchtschüsserln ... 156
Gebackene Apfelscheiben ... 102
Gebackene Mäuse ... 104
Gefüllte Birnen ... 240
Germgugelhupf ... 148
Germknödel ... 44
Germpalatschinken ... 81
Gerührte Linzertorte ... 197
Golatschen ... 132
Grießknödel ... 48
Grießpudding ... 68
Grießschmarren ... 80
Grießstrudel ... 22
Grillagetorte ... 188
Grinzinger Weincharlotte ... 234
Gugelhupf ... 144-146, 148
Heidelbeerplätzchen ... 92
Heidelbeersauce ... 256
Herrentorte mit Punsch ... 187
Himbeersauce ... 256
Indianer mit Schlag ... 161
Joghurt-Erdbeerparfait ... 252
Joghurtcreme mit Beeren ... 233
Joghurtroulade ... 215
Kaffeesauce ... 257
Kaisergugelhupf ... 146
Kaiserschmarren ... 76
Kakao-Nusstorte ... 202
Kapuzinerknödel ... 41
Karamelloberstorte ... 206
Karamellplätzchen ... 172
Karamellsauce ... 257
Kardinalschnitten ... 216
Kärntner Reindling ... 126
Kokoscreme mit pochierten Marillen ... 238
Kokoskuchen ... 155
Kokospalatschinken ... 82
Kokosparfait ... 247
Kokosschmarren ... 78
Krapfen, siehe Wiener
Kürbisstrudel ... 27
Kuvertüre ... 265
Linzerkipferln ... 170
Linzertorte ... 197
Malakofftorte ... 184
Mandelsauce ... 257
Mandeltorte ... 203
Maraschinoroulade ... 222
Marillenkuchen ... 159
Marillenpalatschinken ... 82
Marillenröster ... 260
Marillensauce ... 258
Marmorgugelhupf ... 145
Maroniknödel ... 40
Maronipudding ... 69
Maroniterrine ... 230
Milchrahmstrudel ... 15
Mohn-Himbeerschnitten ... 226
Mohnkoch ... 68
Mohnnudeln ... 50
Mohnparfait ... 254

Mohnpudding 68
Mohntorte 186
Mohnzopf 130
Mohr im Hemd 66
Mohr-im-Hemd-Kuchen 153
Mürbteig 165
Nusscremeroulade 223
Nusskranzkuchen 149
Nusspalatschinken 94
Nusspotize 128
Nusstaler 171
Nusstorte 204
Orangencreme 236
Orangenomeletten 84
Palatschinken mit karamellisierten Apfelspalten 86
Palatschinkenteig 74
Palatschinkentorte 88
Parisercreme 264
Pariserspitze 160
Pistazienparfait 250
Pistazienroulade 218
Plunderteig 120
Pochierte Birnen 260
Pofesen 110
Potize 128
Powidltascherln 36
Preiselbeersauce 258
Preiselbeergugelhupf 144
Punschtorte 190
Rahmdalken 75
Rehrücken 158
Reindling 126
Reisauflauf mit Äpfeln 56
Rhabarberstrudel 19
Ribiselsauce 258
Rigó Jancischnitten 220
Rosinenkuchen 152
Rotweinkirschen 261
Rumbeeren 254
Salzburger Nockerln 60
Schaumrollen 136
Scheiterhaufen 58
Schlosserbuben 103
Schokolade-Nuss-Palatschinken 80
Schokoladekrapferln 174
Schokolademousse 241
Schokoladeparfait 251
Schokoladesauce 1 258
Schokoladesauce 2 258
Schokomousse-Torte 200
Strudelteig 14
Topfen-Marillenstrudel 30
Topfen-Obers-Torte 194
Topfenauflauf mit Erdbeeren 62
Topfenfladen 94
Topfengolatschen 132
Topfenknödel 35
Topfennudeln 42
Topfenpalatschinken 83
Topfenschmarren 76
Topfentaschen 46
Topfenteig 263
Trüffeltorte 192
Überbackene Feigen 242
Überbackene Marillenpalatschinken 87
Vanillecreme 264
Vanillekipferln 166
Vanillesauce 259
Vanillezucker 47
Vollkornkuchen 150
Wäschermädel 108
Weinbackteig 263
Weincremetorte 196
Weinsauce 259
Weinsoufflé 64
Weintraubenstrudel 20
Wiener Faschingskrapfen 106
Williamssauce 259
Williamstorte 193
Zigeunerschnitten 211
Zimtauflauf 63
Zimtsauce 259
Zitronentorte 198
Zopf 130
Zwetschkenknödel 51
Zwetschkenkuchen 142
Zwetschkenparfait 248
Zwetschkenröster 261
Zwetschkenstrudel 24

Autoren

Dietmar Fercher
geboren 1953 in Kärnten, sammelte nach seiner Lehrzeit in Spittal an der Drau Erfahrungen auf nationaler und internationaler Ebene. Stationen waren die Kurkonditorei Oberlaa als Konditormeister, das Hilton Hotel Wien/Düsseldorf sowie die Imperial Hotels (Hotel Bristol, Hotel Imperial, Palais Ferstel, Café Central) als Chef-Patissier. In seiner Wiener Café-Konditorei, ausgezeichnet mit der „Goldenen Kaffeebohne", pflegt der Meisterkonditor nun seit 20 Jahren die feine Kunst der Köstlichkeiten.

Andrea Karrer
geboren 1963 in Wien, widmet sich nach Erfahrungen im elterlichen Gasthaus und einer Ausbildung zur Köchin seit Jahren der publizistischen Vermittlung von Kulinarik. Nicht nur in ihrer wöchentlichen Radiosendung in Radio Niederösterreich und ihrer Kolumne in der Wienerin. Sie betreute auch die saisonalen ORF-Kochkolumnen „Sommerzeit" und „Herbstzeit" sowie die Genussreisen in „Aufgabelt in Österreich". Viele ihrer Erfahrungen hat sie in ihre Bücher einfließen lassen. Weiters lieferbar im Residenz Verlag: Fest Essen – Köstlich kulinarisch durchs Jahr, Die frische Küche – Gemüse passt immer, auch zu Fleisch und Fisch, Zur Suppe! – Nockerl, Knöderl & Co, Ab ins Glas – Marmeladen, Chutneys & pikante Genüsse, Bärlauch – Knoblauch – Lauch, Schlaraffenland & Gaumenlust – So schmeckt Niederösterreich.

Fotos: Konrad Limbeck
geboren 1974 in Oberbayern, hat von Kindheit an eine besondere Affinität zu kulinarischen Genüssen. Seit seiner Ausbildung zum Fotografen arbeitet der Wahlwiener für diverse Lifestyle-Magazine, u. a. „Wienerin" und „Diva". www.konrad-limbeck.com

Illustrationen: Barbara Kampel
geboren 1975 in Wien, arbeitete sich durchs Leben inklusive diverser gastronomischer Stationen, um nun bis auf Weiteres ganz einer frühen Leidenschaft nachzugehen: Illustration, Grafik und Webdesign. www.barbarakampel.at